Mamczak | Science-Fiction. 100 Seiten

* Reclam 100 Seiten *

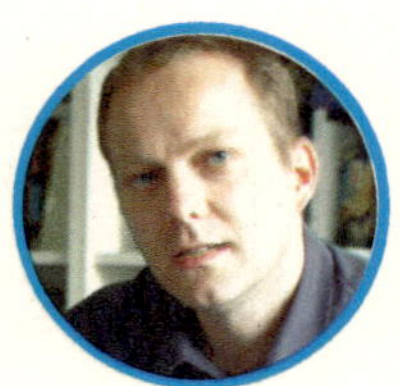

SASCHA MAMCZAK, Jahrgang 1970, ist Science-Fiction-Verleger und Autor von Essays und Sachbüchern. Zuletzt ist sein Jugendsachbuch *Eine neue Welt – Die Natur, die Menschen und die Zukunft unseres Planeten* erschienen.

Sascha Mamczak

Science-Fiction. 100 Seiten

Reclam

3. Auflage

2021, 2023 Philipp Reclam jun. Verlag GmbH,
Siemensstraße 32, 71254 Ditzingen
info@reclam.de
Umschlaggestaltung: Philipp Reclam jun. Verlag GmbH
nach einem Konzept von zero-media.net
Infografik (S. 14 f., 72 f.): annodare GmbH, Agentur für Marketing
Autorenfoto: © Sascha Mamczak
Umschlagmaterial: Creative Print, Schabert
Druck und Bindung: Elanders Waiblingen GmbH,
Anton-Schmidt-Straße 15, 71332 Waiblingen
Printed in Germany 2025
RECLAM ist eine eingetragene Marke
der Philipp Reclam jun. GmbH & Co. KG, Stuttgart
ISBN 978-3-15-020574-7
reclam.de

Für mehr Informationen zur 100-Seiten-Reihe:
reclam.de/100Seiten

Inhalt

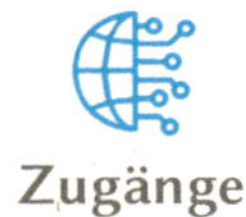

Zugänge

Manchmal müssen Autos fliegen

Science-Fiction kann bezaubern, verwirren, die Augen öffnen. Sie kann unser Leben und Denken bereichern und verändern. Sie kann, kurzum, große Kunst sein. Vor vielen Jahren wollte ich das einmal einer guten Freundin von mir vermitteln und lud sie ins Kino ein: in Ridley Scotts *Blade Runner*. Der Film schien mir für diesen Zweck sehr gut geeignet, denn aus meiner Sicht ist *Blade Runner* kein geringeres Kunstwerk als, sagen wir, eine Kurzgeschichte von Franz Kafka, eine Kantate von Johann Sebastian Bach, eine Skulptur von Alberto Giacometti oder ein Gemälde von Paul Gauguin.

Wir gingen also ins Kino. Im Saal wurde es dunkel, der Film begann. Wir hörten dumpfe, explosionsartige Trommelschläge, gefolgt von sphärischen Synthesizer-Klängen. Dann sahen wir das Panorama des zukünftigen Los Angeles bei Nacht. Bürotürme wie mittelalterliche Trutzburgen. Gigantische Industrieanlagen, deren Schornsteine Feuer speien. Ein futuristisches Auto, das über die Stadt fliegt und … In diesem Moment vernahm ich neben mir ein leises Hihi.

Hihi, ein fliegendes Auto!

Ich weiß bis heute nicht, ob die Freundin mit *Blade Runner* insgesamt etwas anfangen konnte oder nicht, denn ich hatte nach der Vorstellung kein allzu großes Bedürfnis, mit ihr über den Film zu sprechen. Es war offensichtlich, dass er sich für sie gleich von Anfang an als Kunstwerk disqualifiziert hatte. Ihr Hihi war das kategorische Verdikt, dass ein fliegendes Auto keine Kunst ist, sondern, nun ja, irgendetwas anderes. Wir blieben weiter befreundet, aber was Science-Fiction anging, verlief nun ein tiefer Graben zwischen uns.

Menschen, die sich für Science-Fiction begeistern und diese Begeisterung anderen vermitteln wollen, erzählen häufig solche Geschichten. Meistens erzählen wir sie in einem jovialen Ton, aber die dahinterliegende Frustration, dass ›sie‹ uns einfach nicht verstehen, können wir nur schwer verbergen. ›Sie‹ – das ist ein Amalgam aus Feuilletonisten, Akademikern und anderen Kunstbetrachtern, die nur das als künstlerisch wertvoll gelten lassen, was gegenwartsverhaftet ist, und nicht nachvollziehen können, dass ein fliegendes Auto ein notwendiges Detail in einem künstlerisch bedeutenden Weltentwurf sein kann, ja, dass Autos manchmal fliegen müssen, um etwas Wichtiges über die Welt zu sagen, in der wir leben. Damals im Kino hat sich also im Kleinen ein *cultural clash* ereignet, der die Science-Fiction seit Jahrzehnten begleitet: auf der einen Seite der versierte und von der kulturellen Relevanz der Science-Fiction überzeugte Fan; auf der anderen Seite ein bildungsbürgerlicher Mainstream, der wie einst Kritikerpapst Marcel Reich-Ranicki kurz und knapp befindet, dass Science-Fiction »mit Kunst nichts zu tun hat«.

Der Graben, der zwischen den beiden Seiten verläuft, ist allerdings nicht mehr so tief wie früher, denn glücklicherweise wird ein Produkt der menschlichen Fantasie nicht per Verdikt zur Kunst (oder zur Nicht-Kunst), sondern durch einen komplexen Aushandlungsprozess zwischen Kunstproduzenten, Werk und Publikum, und da kann sich im Laufe der Zeit einiges verändern. Alfred Hitchcocks *Vertigo* wurde vom reißerischen Thriller zum meisterhaften psychologischen Drama, Frank Millers *The Dark Knight Returns* vom finsteren Comic zum gefeierten Graphic Novel, Quentin Tarantinos *Reservoir Dogs* vom brutalen Gangsterstreifen zum Sittenbild einer Epoche. Die Grenzen zwischen Hoch- und Popkultur lösen sich immer mehr auf, und das hat auch für die Science-Fiction Folgen. Niemand stört sich heute groß daran, wenn David Mitchell, Jonathan Lethem, Sibylle Berg oder Christoph Ransmayr Romane schreiben, die in der Zukunft spielen. Die Filme von Christopher Nolan, Guillermo del Toro und Alex Garland werden im Feuilleton genauso selbstverständlich besprochen wie die aktuelle Wagner-Inszenierung. Margaret Atwood hat mit ihrem Roman *The Testaments* (*Die Zeuginnen*, 2019) den Booker Prize gewonnen, und mit dem Literaturnobelpreis 2007 für Doris Lessing und 2017 für Kazuo Ishiguro wurden eine Autorin und ein Autor mit der höchsten literarischen Auszeichnung der Welt bedacht, die unter anderem Science-Fiction geschrieben haben.

Nicht zuletzt *Blade Runner* ist ein schönes Beispiel für diese Fluidität unseres Kunstverständnisses. Als Ridley Scotts Verfilmung des Romans *Do Androids Dream of Electric Sheep?* (*Träumen Androiden von elektrischen Schafen*?, 1968) von Philip K. Dick 1982 im Kino anlief, war sie kein großer Publikumserfolg und überzeugte auch nur wenige Kritiker. Zehn Jahre später wurde der Film in das National Film Registry der amerikanischen Library of Congress aufgenommen, und 2005 setzte ihn das *Time Magazine* auf die Liste der 100 besten Filme des 20. Jahrhunderts. Völlig zu Recht: *Blade Runner* ist eine kongeniale Mischung aus Retrofuturismus und Film Noir, aus Zukunftselegie und Actionfilm, die bis heute nichts von ihrer visuellen Kraft verloren hat. *Blade Runner* ist ein Kunstwerk. Ein Kunstwerk mit fliegenden Autos …

Habe ich da gerade ein leises Hihi gehört? Oder haben Sie vielleicht innerlich geschmunzelt? Wenn ja, dann sind Sie die ideale Leserin oder der ideale Leser für diesen Text.

Denn auch wenn die Science-Fiction inzwischen in unterschiedlichster Form durch die kulturellen Kanäle strömt, stehen ihr viele Menschen weiterhin mit einer gewissen Ratlosigkeit gegenüber. Als würde es sich dabei um eine obskure Subkultur handeln, in der sich Eingeweihte und Spezialisten mit Verschwörermiene tummeln und einander geheime Botschaften zuraunen. Oder um eine Art Technikkult für Geeks und Nerds, mit dem man lieber nichts zu tun haben möchte. Als müsste man sich erst mit fliegenden Autos auskennen oder selbst mit einem Auto fliegen wollen, um Science-Fiction zu verstehen.

Die Science-Fiction wird zwar als kulturelles Phänomen wahrgenommen, aber gleichzeitig umgibt sie eine rätselhafte Hermetik. So kann man in den großen Tages- und Wochenzeitungen inzwischen regelmäßig Pop- oder Krimikolumnen lesen, aber wenn man wissen will, was sich in der Science-Fiction tut, muss man *New Scientist*, *Technology Review* oder die einschlägigen Fachpublikationen beziehen. Die Romane so bedeutender Science-Fiction-Autoren wie Ian McDonald, M. John Harrison oder Kim Stanley Robinson werden von der Kritik konsequent ignoriert. Octavia Butler, James Tiptree jr. oder Theodore Sturgeon fehlen weiterhin in den Literaturkanons. An den Universitäten, die ihre Fühler längst in alle popkulturellen Richtungen ausstrecken, führt die Science-Fiction immer noch ein Schattendasein. Und im Literaturbetrieb werden krampfhaft Bezeichnungen wie ›Wissenschaftsthriller‹, ›Technokrimi‹, ›Zukunftsroman‹ oder ›Dystopie‹ bemüht, nur um das Label ›Science-Fiction‹ zu vermeiden.

»Faszinierend«, würde Mr. Spock dazu sagen.

Ein Genre, das es gar nicht gibt

Es ist deshalb faszinierend, weil Sie dieses Spock-Zitat mit ziemlicher Sicherheit kennen. Wir alle kennen Mr. Spock. So wie wir auch Luke Skywalker, den Supercomputer HAL, Perry Rhodan, George Orwells Big Brother, Steven Spielbergs E.T. oder Margaret Atwoods Offred kennen. Wir alle sind unaufhörlich mit Figuren, Motiven und Bildern aus der Science-Fiction konfrontiert. Science-Fiction ist keine obskure Subkultur. Science-Fiction ist ein Milliardenmarkt.

Die Liste der erfolgreichsten Filme aller Zeiten etwa wird seit etlichen Jahren von Filmen dominiert, die man der Science-Fiction zuordnen kann. Auch wenn man diese Liste inflationsbereinigt, so dass Filme aus Vor-Blockbuster-Zeiten wie *Gone with the Wind* (*Vom Winde verweht*, 1939) mit erfasst werden, findet sich unter den Top Ten immer noch reichlich Science-Fiction. Die langlebigsten medienübergreifenden Franchises – Erzähluniversen, die sich über Jahrzehnte in regelmäßigen Abständen erneuern – gehören mehrheitlich zur Science-Fiction, wie etwa *Doctor Who*, *Star Trek*, *Star Wars*, *Terminator*, *Planet of the Apes*, *Alien* oder *Jurassic Park*. Die Streaming-Dienste produzieren unaufhörlich Science-

Fiction-Serien wie *Black Mirror*, *Westworld*, *Stranger Things*, *Devs* oder *The Expanse*, und es ist fast schon Tradition, dass der Netflix-Weihnachtsfilm, den sich Millionen von Menschen rund um die Welt ansehen, ein Science-Fiction-Film ist. Unzählige der meistverkauften Computerspiele der letzten Jahre sind in Science-Fiction-Welten angesiedelt, wie etwa *HALO*, *BioShock* oder *Half-Life*; zuletzt war das Release des Spiels *Cyberpunk 2077* ein globales Ereignis. Und auch auf den Bücherbestsellerlisten finden sich Woche für Woche jede Menge Romane, die sehr nach Science-Fiction klingen.

Die erfolgreichsten Filme aller Zeiten

Auch wenn die übliche Reihung der erfolgreichsten Filme nach den weltweiten Einspielergebnissen (hier in Milliarden US-Dollar, Stand April 2021) nur bedingt aussagekräftig ist, zeigt die aktuelle Top-Ten-Liste dennoch, wie sehr die Science-Fiction die Entertainment-Industrie dominiert:

1. Avatar – Aufbruch nach Pandora (2,85 Mrd.)
2. Avengers: Endgame (2,8 Mrd.)
3. Titanic (2,2 Mrd.)
4. Star Wars: Das Erwachen der Macht (2,1 Mrd.)
5. Avengers: Infinity War (2,01 Mrd.)
6. Jurassic World (1,67 Mrd.)
7. Der König der Löwen (1,66 Mrd.)
8. The Avengers (1,52 Mrd.)
9. Fast and Furious 7 (1,51 Mrd.)
10. Die Eiskönigin 2 (1,45 Mrd.)

Die Frage ist nur: Ist etwas, das nach Science-Fiction klingt, auch wirklich Science-Fiction? Ist James Bond, der regelmäßig mit futuristischen Gadgets hantiert, ein Mann der Science-Fiction? Ist der Horror von *Stranger Things*, der aus einem durch ein wissenschaftliches Experiment geöffnetes Paralleluniversum kommt, ein Science-Fiction-Horror? Sind Superhelden wie Hulk oder Spiderman, deren übernatürliche Kräfte aus einem Labor stammen, Science-Fiction-Helden? In *Star Wars*, dem umsatzstärksten der Science-Fiction-Franchises, ist so ziemlich alles versammelt, was man gemeinhin mit Science-Fiction assoziiert: Raumschiffe, Roboter, Aliens, Laserwaffen, exotische Planeten und so weiter. Aber die Raumschiffe fliegen wie Jagdflugzeuge aus dem Ersten und Zweiten Weltkrieg durchs All und machen dabei absurde Geräusche im eigentlich luftleeren Raum, die Helden kämpfen mit Lichtschwertern, als wäre das Mittelalter nie zu Ende gegangen, und im Zentrum des Geschehens steht eine mystisch-magische Kraft namens ›die Macht‹. Ist das überhaupt Science-Fiction? Ist es nicht eher Fantasy? Oder eine eigentümliche Mischform?

Für die allermeisten Menschen, die Science-Fiction konsumieren, spielen derartige Fragen keine große Rolle. Und warum sollten sie auch? Science-Fiction ist Teil einer bunten Entertainment-Tüte, in die wir greifen können, wenn wir für einige Zeit vergessen wollen, dass wir in einer Welt leben, in der wir Prüfungen schreiben, Steuererklärungen abgeben und zur Krebsvorsorge gehen müssen. Science-Fiction-Franchises wie *Star Wars, Star Trek* oder *Perry Rhodan* mit ihren Sequels und Prequels, ihren Reboots und Spin-offs bieten allerbeste Unterhaltung für viele Jahre, manchmal sogar für ein ganzes Leben. Sie mögen Science-Fiction sein (ich würde sagen, *Star*

Wars ist unter anderem Science-Fiction), vor allem aber sind sie eigenständige popkulturelle Welten: mit ihrem jeweils eigenem Jargon und Lebensgefühl, ihren jeweils eigenen Charakteren und Alltagsweisheiten und inzwischen sogar ihren jeweils eigenen Devotionalien. Ein *Star-Wars*-Fan kann ein Science-Fiction-Fan sein. Er kann aber, und das ist relativ häufig, auch nur ein *Star-Wars*-Fan sein.

Solche Differenzierungen werden im Kulturbetrieb allerdings nur selten vorgenommen. In der Regel wird dort alles, was sich nach Science-Fiction anhört, in einen Topf geworfen, kräftig umgerührt und dann von ›der‹ Science-Fiction gesprochen, als wüsste man genau, was das ist. Oder was es eben *nicht* ist: Immer wieder stolpert man über Rezensionen, in denen es heißt, dass der besprochene Roman keine Science-Fiction ist, sondern lediglich »mit Science-Fiction-Motiven spielt«, aber was einen Roman, der mit Science-Fiction-Motiven spielt, von einem Science-Fiction-Roman unterscheiden soll, erklärt einem niemand. Einmal hieß es über einen Roman voller Science-Fiction-Motive dass er »mit Science-Fiction im engeren Sinne nichts zu tun« habe. Aber was ist eigentlich »Science-Fiction im engeren Sinne«? Gibt es das, und wenn ja, kann man es beschreiben?

Zum Teil ist diese Undifferenziertheit schlicht eine Folge von Ignoranz. Als Reich-Ranicki einst befand, dass Science-Fiction nichts mit Kunst zu tun habe, fügte er hinzu, er habe außer einige Bücher von Jules Verne und Stanisław Lem praktisch keine Science-Fiction gelesen. Er hatte also eine Meinung, aber keine Ahnung, und er wollte auch keine Ahnung haben.

Vor allem aber gründet die Undifferenziertheit in dem Umstand, dass die Science-Fiction weithin als Genre betrachtet wird, so wie der Krimi, der Western oder die Komödie Genres sind. Diese Sichtweise ist nachvollziehbar, denn der Begriff Genre ist ein ausgesprochen nützliches Werkzeug, um das öffentliche Gespräch über die Produkte der menschlichen Fantasie zu strukturieren. Mit der Sortierung in Genrecluster kann man Referenzpunkte markieren, auf die man sich beziehen oder von denen man sich abgrenzen kann, so dass man Sätze wie »Das ist so eine Art Western« oder »Das ist gar kein richtiger Krimi« sagen kann. Man kann damit auch ziemlich effektiv kommunizieren, etwa wenn die Fernsehseite der *Süddeutschen Zeitung* Filme mit entsprechenden Icons versieht: den Detektivfilm mit einer Pfeife, den Kriegsfilm mit einem Soldatenhelm, den Thriller mit dem Zielvisier eines Gewehrs, den Horror mit einer Freddy-Krueger-Maske und die Science-Fiction mit – einer Rakete.

Die Science-Fiction ist aber kein Genre im herkömmlichen Sinne. Im Gegensatz zum Krimi, wo es bei aller Vielfalt immer um ein Verbrechen geht, oder zum Western, der immer in einem bestimmten historischen Abschnitt spielt, kann man die Spannbreite der Science-Fiction unmöglich auf einen Nenner bringen. Science-Fiction – ob als Buch oder Film, Computer- oder Hörspiel, Comic oder Theaterstück, Gedicht oder Oper – kann morgen oder in Millionen von Jahren, in der Vergangenheit oder in einer alternativen Gegenwart angesiedelt sein. Science-Fiction kann im Weltraum spielen, aber auch in einem dunklen Keller oder in einem Tal in Oberbayern. Science-Fiction kann vor futuristischer Technik nur so wimmeln, es gibt aber auch Science-Fiction, in der von Wissenschaft und Technik überhaupt keine Rede ist, geschweige denn von Raketen. Science-Fiction kann ein hochphilosophisches Gedankenexperiment, aber auch reines *wish fulfilment* (und noch irrer: Sie kann auf faszinierende Weise beides) sein. Von Edward E.

Smith bis Dan Simmons, von *Barbarella* bis Joanna Russ, von *Raumpatrouille Orion* bis Terry Gilliam, von *Transformers* bis Cixin Liu: Es gibt keine starre Science-Fiction-Formel, auf die man rekurrieren, oder einen abgeschlossenen Katalog von Erzählweisen und Motiven, aus dem man sich bedienen kann. Es gibt auch keine bestimmte Science-Fiction-Weltsicht, Science-Fiction-Ideologie oder typischen Science-Fiction-Konsumenten; niemand begeistert sich für sämtliche Spielarten der Science-Fiction. Und würde man alle Science-Fiction-Autorinnen und -Autoren in einem Raum versammeln, würden sie sich auf nichts einigen können, noch nicht einmal darauf, dass die Menschheit eines Tages andere Planeten besiedeln wird.

Man sollte also prinzipiell hellhörig werden, wenn im Kulturbetrieb von ›der‹ Science-Fiction die Rede ist, denn nur allzu oft bezieht sich das auf eine Form von Science-Fiction, die so laut, grell und spektakulär ist, dass sie die meiste Aufmerksamkeit auf sich zieht. Diese dominante Form wird insbesondere in Filmen unaufhörlich reproduziert, so dass sie von einem großen Teil des Publikums für ›die‹ Science-Fiction gehalten wird, weshalb sich manche Autorinnen und Autoren vehement dagegen wehren, mit Science-Fiction in Verbindung gebracht zu werden.

Die Schriftstellerin Ursula K. Le Guin hat das einmal das *denial game* genannt. Dieses Spiel geht so: ›Science-Fiction heißt fliegende Untertassen und kleine grüne Männchen vom Mars. Das ist doch alles Eskapismus. Lasst mich damit bloß in Ruhe! Mein Buch ist keine Science-Fiction, sondern Literatur.‹ Das *denial game* führt nicht selten zu skurrilen Situationen, wie etwa im Fall von Ian McEwans Roman *Machines Like Me* (*Maschinen wie ich*, 2019), der mit einer sich selbst bewusstwerdenden künstlichen Intelligenz und einem Alternativweltszenario gleich zwei Science-Fiction-Themen verarbeitet. Und trotzdem war es dem Autor in jedem Interview wichtig zu betonen, dass *Machines Like Me* keine Science-Fiction sei, egal ob er danach gefragt wurde oder nicht.

Natürlich ist McEwan klug genug, um zu wissen, dass fliegende Untertassen und kleine grüne Männchen vom Mars die Science-Fiction nur zu einem sehr geringen Teil repräsentieren (wenn überhaupt). Aber durch die dominante Form ist das Label ›Science-Fiction‹ inzwischen so von Klischees umzingelt und hypostasiert, dass man sich lieber davon distanziert, als sich ernsthaft damit auseinanderzusetzen, was es mit ›der‹ Science-Fiction eigentlich auf sich hat.

Das ist aber gar nicht so schwer. Denn seit vielen Jahrzehnten wird über Science-Fiction nachgedacht, geschrieben, diskutiert und gestritten, beschäftigt sich eine Community aus Autoren, Akademikern, Publizisten und Fans also ziemlich ernsthaft mit der Science-Fiction. Die Monografien, Lexika, Jahrbücher, Aufsätze und Papers, die in dieser Community entstanden sind und weiter entstehen, füllen inzwischen ganze Bibliotheken: ein riesiger theoretischer Apparat voll faszinierender Details, überraschender Querverbindungen und spannender Kontroversen, die man als Außenstehender beim besten Willen nicht alle nachvollziehen (und in einem 100-Seiten-Text auch unmöglich zusammenfassen) kann.

Doch schon eine oberflächliche Betrachtung der Diskussionen innerhalb der Science-Fiction-Community führt zu der wichtigen Erkenntnis, dass dort überhaupt keine Einigkeit darüber herrscht, was Science-Fiction eigentlich ist. So findet man unzählige Definitionen von Science-Fiction, die von philosophisch hochtrabend (»Science-Fiction ist die Suche nach einer Definition des Menschen und seiner Stellung im Universum, die vor unserem fortgeschrittenen, aber verunsicherten Stand des Wissens bestehen kann«) über hermeneutisch pfiffig (»Science-Fiction ist die der Wirklichkeit entsprechende Erweiterung der Lüge«) bis zu ökonomisch pragmatisch (»Science-Fiction ist das, wo Science-Fiction draufsteht«) reichen, und wenn man in tausend Jahren immer noch über Science-Fiction diskutieren sollte, dann wird man vermutlich immer noch versuchen, sie zu definieren.

Wenn die Science-Fiction aber kein Genre ist und man sie auch nicht definieren kann: Ist sie dann überhaupt etwas Bestimmtes? Oder anders gefragt: Hat die Science-Fiction einen ganz spezifischen künstlerischen Kern, der sie von anderen Produkten der menschlichen Fantasie klar unterscheidet?

Das Universum und ich – eine komplizierte Beziehung

Ein Weg, diese Frage zu beantworten, führt über die rätselhafte Hermetik, die die Science-Fiction umgibt. Samuel R. Delany, amerikanischer Literaturprofessor und selbst Science-Fiction-Autor, hat einmal mit Menschen, die nach eigener Aussage »mit Science-Fiction nichts anfangen können«, *Close-reading*-Experimente gemacht. Das heißt, er hat mit ihnen Science-Fiction-Texte gelesen, ganz langsam, Satz für Satz. Diesen Satz zum Beispiel:

> Wir durchflogen den Bereich des Monopolmagneten-Bergbaus im äußeren Asteroidengürtel von Delta Cygni.

Man erkennt den Satz sofort als Science-Fiction: Wir sind hier in einer ferneren Zukunft, in der die Menschheit den Weltraum kommerziell nutzt. Es tauchen Begriffe aus der Astronomie auf – Delta Cygni ist ein Stern, also eine Sonne, im Sternbild Schwan, und ein Sonnensystem kann einen Asteroidengürtel haben. Und man muss sich mit der schönen Wortschöpfung »Monopolmagnet« auseinandersetzen – einen solchen Magneten gibt es auf der Erde nämlich nicht, bei uns sind alle Magneten zweipolig. Eigentlich ist das alles nicht schwer nachzuvollziehen, aber in den Gesprächen mit seinen Probanden fand Delany heraus, dass sie nicht in der Lage waren, Sätze wie diesen zu verstehen, weil sie die einzelnen Elemente nicht zu einer für sie kohärenten, sinnvollen Welt zusammenbrachten. Obwohl sie, wie Delany überrascht feststellte, keine Schwierigkeiten hatten, sich eine ländliche Druckerei bei Balzac, eine Schule bei Dickens oder ein Wohnzimmer bei Jane Austen vorzustellen, waren sie wie gelähmt, wenn man sie mit einem ganz gewöhnlichen Satz eines Science-Fiction-Autors konfrontierte.

Delany schloss daraus, dass man »Science-Fiction als Science-Fiction« lesen muss, dass einer Science-Fiction-Geschichte also andere *reading protocols* zugrunde liegen als der realistischen Literatur, denn in der Science-Fiction geht es nicht nur darum, ein bestimmtes Geschehen verständlich zu machen, sondern eine ganze Welt – eine Welt, die sich von unserer Welt nicht selten fundamental unterscheidet. Das stimmt, es trifft allerdings ganz genauso auf andere fantastische Weltenschöpfungen zu. Wer zum Beispiel nicht weiß, dass die Zwerge in den Minen von Moria im Dritten Zeitalter unbeabsichtigt einen Balrog weckten, der daraufhin König Durin VI. tötete und sein Volk in die Flucht schlug, wird das Geschehen im ersten Teil von *The Lord of the Rings* (*Der Herr der Ringe*, 1954) nicht wirklich nachvollziehen können.

Die großen Science-Fiction-Universen

Science-Fiction baut Welten, und manchen Science-Fiction-Welten gelingt es, zu einem Erzähluniversum zu werden, das über viele Jahrzehnte hinweg Millionen von Menschen immer wieder neu begeistert. Hier einige Beispiele:

Foundation/Roboter 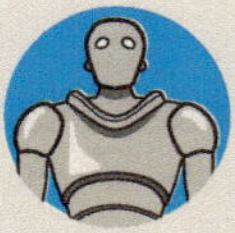
Zwei von Isaac Asimov in den 1940er Jahren begonnene Storyzyklen – der eine handelte von der Beziehung zwischen Robotern und Menschen, der andere von einem galaktischen Reich, das vom Untergang bedroht ist. Beide waren so erfolgreich, dass sie der Autor in den 1980ern zu einem großen Zukunftspanorama verband. Eine TV-Verfilmung soll 2021 starten.

Perry Rhodan 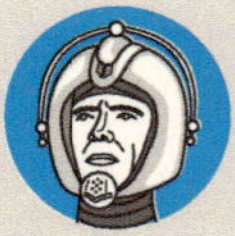
Als Walter Ernsting und Karl-Herbert Scheer Anfang der 1960er Jahre ihren Helden Perry Rhodan erstmals ins All schickten, nutzten sie das ganze erzählerische Arsenal amerikanischer SF-Magazine für den deutschen Markt. Konnten sie ahnen, dass daraus einmal die meistgelesene SF-Heftserie aller Zeiten werden würde? Bis heute erscheint jede Woche ein *Rhodan*-Heft.

Dr. Who 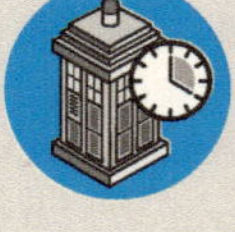
Die 1963 gestartete BBC-Serie hat zwar hierzulande nie richtig Fuß gefasst, ist aber dennoch eine der beliebtesten SF-Schöpfungen überhaupt. Der Doktor, ein »Time Lord«, reist durch Zeit und Raum und rettet dabei

ab und zu die Welt. Außerdem kann er sich in einen anderen Körper transferieren, so dass jeder neue Schauspieler doch immer derselbe Doktor ist.

Star Trek

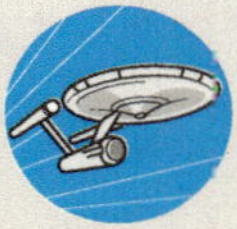

Kurios, aber wahr: Die von Gene Roddenberry erfundene TV-Serie hatte nach ihrem Start im Jahr 1966 erst einmal keinen großen Erfolg. Doch nach und nach wurden Captain Kirk, Mr. Spock und der Rest der *Enterprise*-Crew zu Popstars – und *Star Trek* zu einem multimedialen SF-Phänomen, das sich immer wieder neu erfindet.

Star Wars

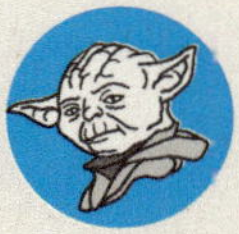

Als der erste *Star-Wars*-Film 1977 in die Kinos kam, war die Science-Fiction eine Angelegenheit für eine überschaubare Gruppe von Fans. Erst mit *Star Wars* wurde sie zum Milliardengeschäft. Der Film, von George Lucas von Anfang an als Teil von etwas Größerem konzipiert, definierte das SF-Kino neu. *Star Wars* ist zugleich futuristisch und archaisch, simpel und komplex, kurz: ein Epos in jeder Hinsicht.

Alien

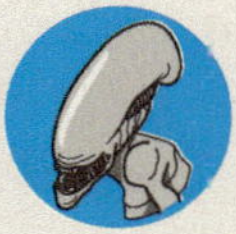

Ridley Scotts *Alien* startete zwei Jahre nach *Star Wars* und vermittelte eine dezidiert andere Science-Fiction-Stimmung: düster, klaustrophobisch, nervenaufreibend. Film für Film machten weitere Regisseure aus der Konfrontation Mensch/Alien das wohl erwachsenste aller SF-Universen. Inzwischen ist auch Scott wieder dabei.

Bei der Science-Fiction kommt ein wichtiger, besser gesagt: ein einzigartiger Faktor hinzu. Im oben genannten, von Delany mit seinen Probanden gelesenen Satz findet man keinen Jargon, also spezifische Begriffe oder eingeschliffene Wendungen, wie sie in *The Lord of the Rings* üblich sind, sondern Termini aus der realen Welt (oder Bezüge auf solche Termini), die man kennen könnte, würde man ihre Kenntnis nicht für unnötig halten. Wenn wir ein Märchen oder einen Fantasy-Roman lesen, dann gehen wir von einer klaren Vereinbarung zwischen Autor und Leser aus: Das hier ist eine ausgedachte Welt, die sich aus Mythen, Legenden und einer Vergangenheit speist, in der »das Wünschen noch geholfen hat«.

Eine solche Vereinbarung gibt es in der Science-Fiction nicht. Ein Satz wie »Es war ein strahlend-kalter Apriltag, und die Uhren schlugen dreizehn« aus George Orwells *1984* (1949) signalisiert nicht, dass wir hier in einer magischen Welt gelandet sind, in der die Tage 13 Stunden haben, sondern dass jemand angeordnet hat, dass ein Tag von nun an 13 Stunden haben soll. Ein Satz wie »Ich war sechshundertfünfzig Meilen alt geworden« aus Christopher Priests *Inverted World* (*Inversion*, 1974) sagt nicht, dass hier Menschen endlos in die Länge wachsen, wenn sie älter werden, sondern dass aus einem bestimmten Grund Raum und Zeit vertauscht wurden. Und Greg Egan beginnt seinen Roman *Distress* (*Qual*, 1995) nicht mit »Gut. Er ist tot. Sie können jetzt mit ihm reden«, um von Vampiren, Zombies oder anderen Untoten zu erzählen, sondern von einer neuen Realität des Sterbens.

Eine Science-Fiction-Geschichte, so bizarr sie auch sein mag, behauptet immer, dass sie etwas mit unserer Welt zu tun hat, dass sie eine Weiterführung oder Umgestaltung unserer Welt ist. Eine Science-Fiction-Geschichte erzeugt immer ein irritierendes Gefühl: Es ist nicht die Welt, die wir kennen, aber irgendwie ist sie es doch. Etwas hat sich verändert – oder wird sich gleich verändern. Etwas hat unsere Alltagserfahrung absorbiert, verformt, ausgetauscht – oder wird das gleich tun. Diese Irritation ist der tieferliegende Grund dafür, warum viele Menschen mit Science-Fiction nichts anfangen können oder ihr mit einer gewissen Ratlosigkeit gegenüberstehen, denn sie können nicht nachvollziehen, was die Welt, die dort beschrieben wird, mit ihnen zu tun hat. Ja, sie wehren sich geradezu gegen die Vorstellung, sie könnte etwas mit ihnen zu tun haben. Was geht mich der Monopolmagneten-Bergbau im äußeren Asteroidengürtel an? Warum sollten fliegende Autos für mich wichtig sein? Was hat das Universum dort draußen mit mir und meinem Leben im Hier und Jetzt zu tun?

Genau das ist aber das künstlerische Kernprinzip der Science-Fiction und unterscheidet sie von einem Genre. Sie stellt kein operatives Set an Figuren, Motiven, Erzählweisen oder Weltsichten zur Verfügung, sondern ein ganz spezifisches ästhetisches Verfahren, aus dem sich die unterschiedlichsten Figuren, Motive, Erzählweisen und Weltsichten ableiten. Die Science-Fiction ist eine Origami-Kunst. Sie faltet Raum und Zeit in eine höhere Dimension: in alle nur möglichen Zeiten und Räume. Wir erzählen uns Science-Fiction-Geschichten, um herauszufinden, wie konkret eine Welt sein kann, die über uns hinausreicht.

Science-Fiction als Differenzerfahrung: Konfrontation, Rekonfiguration, Öffnung

Die Kunst des Origami besteht darin, aus einer gegebenen Fläche (einem Blatt Papier, jap. *kami*) ein Objekt, etwa einen Vogel, ein Haus oder einen Baum, zu basteln (zu falten, jap. *oru*). Das erfolgt nach genau festgelegten Regeln. Man faltet entweder zum Blatt hin oder vom Blatt weg, woraus sich unzählige Varianten ergeben, aber das Grundprinzip ist immer, zwei Punkte auf einer zweidimensionalen Fläche zu markieren, miteinander zu verbinden und damit etwas Höherdimensionales zu erzeugen.

So funktioniert auch die Kunst der Science-Fiction. Sie faltet einen Punkt A im Hier und Jetzt, auf dem Planeten Erde, in der Gegenwart, mit einem Punkt B im Dort und Dann, der räumlich oder zeitlich oder räumlich und zeitlich denkbar weit vom Hier und Jetzt entfernt ist, zu einer Geschichte, die weder im Hier und Jetzt noch im Dort und Dann spielt, sondern in einer höheren Dimension: in einem Imaginationsraum, in dem das Dort und Dann mit dem Hier und Jetzt verschmilzt.

Der Punkt im Hier und Jetzt markiert die individuelle Seite einer Science-Fiction-Geschichte, die Rückbindung an die vertraute, von uns wahrgenommene und wahrnehmbare Welt, entweder indem die Handlung in unserer Welt einsetzt oder indem sich bestimmte Charaktere, Objekte oder Verhaltensweisen in der Zukunft oder auch in einem Paralleluniversum auf unsere Welt beziehen. Der Punkt im Dort und Dann markiert die universelle Seite der Science-Fiction, der Verweis auf ein Anderswo, das sich im Gegensatz zur realistischen Kunst nicht auf den gesellschaftlich-kulturellen Hintergrund der erzählten Ereignisse beschränkt, sondern an die berühmten Grenzen der menschlichen Vorstellungskraft reicht, und doch immer noch prinzipiell wahrgenommen werden kann.

Ein wunderbares und häufig herangezogenes Beispiel für diese Erzählkunst ist die Kurzgeschichte *Nightfall* (*Einbruch der Nacht*) von Isaac Asimov. Erstmals 1941 im amerikanischen Magazin *Astounding Science Fiction* erschienen, wird *Nightfall* bis heute von den Fans regelmäßig unter die besten Science-Fiction-Erzählungen aller Zeiten gewählt. Die Geschichte spielt auf einem Planeten namens Lagash, der von sechs Sonnen beleuchtet wird, sodass es dort nie dunkel wird. Das heißt, fast nie. Alle 2000 Jahre stehen die Sonnen in einer Konstellation, die dazu führt, dass den Planeten für einige Zeit kein Licht erreicht. Auf Lagash leben Menschen, die sich von uns in nichts unterscheiden, bis auf die Tatsache, dass sie noch nie die Sterne gesehen haben, weil es in ihrer bisherigen Lebenszeit immer Tag war. *Nightfall* setzt zu einem Zeitpunkt ein, an dem es nur noch wenige Stunden bis zu besagter totaler Dunkelheit sind. Die Stimmung auf Lagash oszilliert zwischen Freude und Panik, denn niemand weiß, was geschehen wird. Es gibt keine Aufzeichnungen oder mündliche Berichte von einem früheren vergleichbaren Ereignis, und so blicken alle entweder hoffnungs- oder sorgenvoll zum Himmel. Dann, als schließlich die Nacht einbricht und die Sterne erscheinen (womöglich der berühmteste letzte Absatz in der Geschichte der Science-Fiction), wiederholt sich, was sich offenbar seit ewigen Zeiten alle 2000 Jahre auf Lagash ereignet: Als die Menschen begreifen, dass sie sich nicht in einem kleinen überschaubaren Kosmos aus sechs Sonnen, sondern in einem riesigen Universum mit Millionen von anderen Sternen befinden, gewinnen Irrationalität und Chaos die Oberhand. Die Zivilisation bricht zusammen, alles beginnt wieder von vorne.

Nightfall ist wahrlich kein literarisches Meisterwerk; wie so oft bei Asimov ist die Geschichte viel zu dialoglastig und degradiert die Charaktere zu reinen Stichwortgebern. Aber es gibt einen Grund, warum sie bis heute so beliebt ist: Sie enthält auf 40 Seiten beinahe alles, was Science-Fiction von anderen Kunstformen unterscheidet. So wie die Sterne am Himmel über Lagash werden in *Nightfall* die einzigartigen Merkmale der Science-Fiction sichtbar:

1. Eine Konfrontation

In einer Science-Fiction-Geschichte sehen wir uns, entweder gleich zu Beginn oder später im Verlauf der Handlung, einem Kontinuum aus Raum und Zeit gegenüber, das in unserer Erfahrungswelt bisher nicht existierte. Wie Asimovs Protagonisten werden wir mit dem Unbekannten konfrontiert. Dieses Unbekannte speist sich jedoch nicht aus unseren Ängsten oder ist das Resultat von Zauberei, sondern beruht auf unserer bisher eingeschränkten Wahrnehmung und wird dementsprechend durch ein Element repräsentiert, das in unserer Welt bisher nicht beobachtet, erfunden oder entdeckt wurde. Der Science-Fiction-Theoretiker Darko Suvin nennt ein solches Element ein »Novum«. Eine Science-Fiction-Geschichte kann auf nur einem Novum basieren wie etwa die Zeitmaschine in H. G. Wells' gleichnamigem Roman von 1895 oder der mysteriöse Planet in Stanisław Lems Roman *Solaris* (1961). Meistens aber wimmelt es in der Science-Fiction nur so vor Nova wie in *Star Trek* oder *Star Wars*. Ein Novum kann ein Objekt (ein Gerät) oder ein Subjekt (ein Außerirdischer), eine soziale Konstellation (eine Gesellschaft, die vergessen hat, was Liebe ist) oder auch ein kosmisches Ereignis (wie eben in *Nightfall*) sein.

Wichtig ist: Ein Novum ist nie nur ein MacGuffin, also ein Element, wie es in einem Thriller oft verwendet wird, um die Handlung am Laufen zu halten – wenn etwa alle einer geheimen Formel hinterherjagen, deren tatsächlicher Inhalt völlig bedeutungslos ist. Ein Novum ist für die Handlung mindestens ebenso wichtig wie die Charaktere und ihre Beziehung zueinander. Nicht selten, wie in *Nightfall*, ist das Novum sogar das alles entscheidende Element.

2. Eine Rekonfiguration

In einer Science-Fiction-Geschichte ist die »Welt« – also das, was in der realistischen Kunst den Hintergrund der Handlung bildet, die Kulisse, vor der das Geschehen spielt – eine erzählerische Variable. Eine Geschichte vom Typ »A liebt B, B jedoch C«, die einen recht großen Teil der erzählenden Kunst der letzten zwei Jahrhunderte abdeckt, ist immer dann nachvollziehbar, wenn der Bezugsraum, in dem sie sich ereignet, nicht groß interpretiert werden muss: Er ist einfach da. Das heißt nicht, dass er keine Rolle spielt, häufig verleiht er dem Geschehen erst die notwendige Tiefe und Dramatik – also: »A liebt B, B jedoch C, doch dann kommt A in den Wirren der Russischen Revolution zu Macht und Einfluss«. In einer Science-Fiction-Geschichte spielt der Hintergrund aber nicht nur eine Rolle, sondern er *definiert* die Geschichte in derselben Weise, wie die handelnden Figuren die Geschichte definieren. In der Science-Fiction ist nichts einfach nur da, hier wird der Hintergrund zum Vordergrund, die Kulisse bewegt sich, verschiebt sich, wird lebendig. Die Welt insgesamt, nicht nur die soziale, auch die physikalische, biologische und sogar mathematische Welt ist in der Science-Fiction prinzipiell veränderbar. So wie bei

Asimov: Wenn sich am Himmel über Lagash die Sterne zeigen, dann hat sich das Bezugssystem der Planetenbewohner vollständig rekonfiguriert.

3. Eine Öffnung

In der Science-Fiction ist am Ende der Geschichte prinzipiell nichts mehr so wie zu Beginn. Wenn nämlich die Rekonfiguration einmal eingesetzt hat, ist sie unumkehrbar. In der Science-Fiction gibt es keine Rückkehr in die gewohnte Welt, auch wenn es manchmal so zu sein scheint. Zwar fallen die Protagonisten in *Nightfall* am Ende kollektiv in den Zustand der Ignoranz zurück, doch die Erfahrung, die sie gemacht haben, war real – ihre Welt kann nun ganz neu wahrgenommen und ganz neu gelebt werden. Sie können neue Dinge tun: neue Orte besuchen, eine neue Gesellschaft konstruieren, ein neues Bild von sich selbst entwerfen. Wenn in *Nightfall* die Sterne am Himmel erscheinen, dann ist das ein tatsächlicher Paradigmenwechsel, ein echter *conceptual breakthrough*: Alles kann neu gedacht und gemacht werden. In der Science-Fiction gibt es keinen Status quo wie in anderen (auch fantastischen) Kunstformen. In der Science-Fiction sind die Dinge immer in Bewegung.

In unterschiedlicher Dosierung und Kombination findet man diese drei Merkmale Konfrontation, Rekonfiguration und Öffnung in jeder Science-Fiction-Geschichte. Die Science-Fiction ist sowohl eine immersive (die entworfene Welt wird als real erfahren) als auch eine verstörende Kunst (die entworfene Welt wird als fremd erfahren). Sie kann sich zu einem epischen *world building* auswachsen, indem sie ein Novum an das ande-

Science-Fiction als Differenzerfahrung

Alles verändert sich im Verlauf einer SF-Geschichte. Oder alles hat sich bereits verändert, wenn die Geschichte beginnt. Das zentrale Merkmal der Science-Fiction ist der Zusammenprall unserer Realität mit einer anderen Realität: einem neuen Himmelskörper, einer außerirdischen Lebensform, einer künstlichen Intelligenz oder – einem fliegenden Auto.

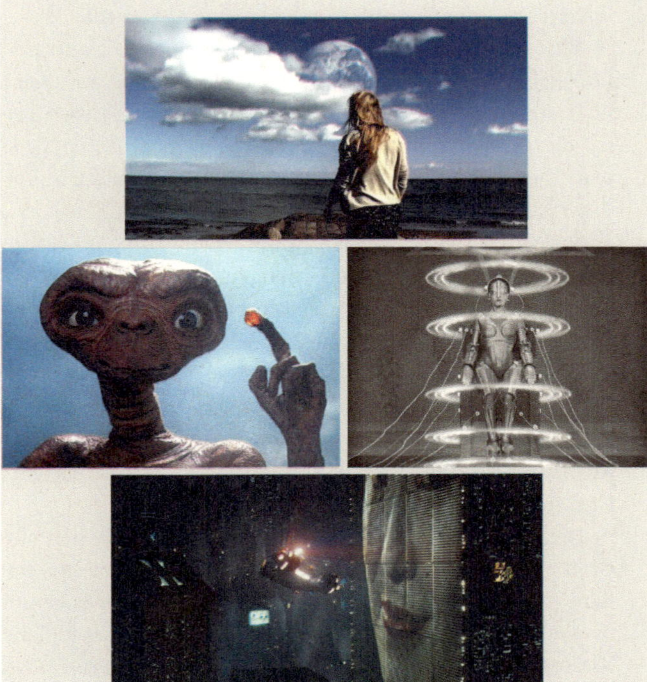

re reiht, sie kann aber auch in einem kleinen Raum spielen, der ein einziges großes Novum ist. Das alles ist möglich, weil diese Merkmale aus jenem einzigartigen künstlerischen Kernprinzip resultieren, das in Asimovs *Nightfall* nicht nur angewandt, sondern gleichzeitig auch erzählt wird: Die bisher wahrgenommene Welt trifft auf eine andere Welt, ob in der Zukunft, in der Vergangenheit oder in einer fernen Galaxis. Diese andere Welt erscheint erst einmal ganz und gar fantastisch, und doch ist sie ebenso real wie unsere, nur dass sie zuvor nicht wahrgenommen, gemessen oder beobachtet wurde.

Ein solches Zusammentreffen, eine solche Erfahrung von Differenz, macht das Wesen der Science-Fiction aus. Science-Fiction ist eine Kunst des Extorialen: Sie bezieht sich immer auf etwas, das zuvor nicht möglich oder nicht rationalisierbar war, aber plötzlich ebenso wahr ist wie das, was wir zuvor für wahr gehalten haben. Es gibt keinen Gradmesser dafür, ab welchem Punkt – bei wie vielen Robotern oder ab wie vielen Jahren in der Zukunft – eine Geschichte Science-Fiction ist. Es gibt auch keine »Science-Fiction im engeren Sinne« oder eine Geschichte, die »mit Science-Fiction-Motiven spielt«. Wer dieses Kernprinzip anwendet, ob Isaac Asimov oder Michel Houellebecq, Margaret Atwood oder Ian McEwan, Frank Schätzing oder Roland Emmerich, der macht Science-Fiction-Kunst. Sämtliche Varianten und Spielarten der Science-Fiction sind Ausprägungen dieses Prinzips.

Nicht selten allerdings wird dieses Prinzip als rein allegorisch missverstanden. Nach dem Motto: Die Alien-Invasionen der 1950er Jahre repräsentieren die Angst vor dem Kommunismus, der Zug in *Snowpiercer* (2013) bildet die kapitalistische Klassengesellschaft ab, und das Erscheinen der Sterne in *Nightfall* ist eine Metapher für die Überwindung eines vorwissenschaftlichen Zeitalters. Das alles ist nicht prinzipiell falsch, aber eine Science-Fiction-Allegorie ist weitaus mehr als nur eine Allegorie, weil die Science-Fiction nicht das Reale mit dem Realen aus anderer Perspektive verbindet, sondern das Reale mit einem anderen, neuen, größeren Realen. Eine Science-Fiction-Allegorie ist nicht nur sie selbst, sie faltet sich in eine höhere Dimension: Sie ist eine echte neue Welt, mit der man in einen Dialog treten, von der man etwas lernen kann.

Dementsprechend ist Science-Fiction immer eine Form von Überwältigung und erzeugt ein zunächst ungläubiges Staunen über die Ereignisse (oder *das* Ereignis). Für dieses Staunen wurde in der Science-Fiction-Community der Begriff *sense of wonder* geprägt, und *sense of wonder* ist genau das, was viele von der Science-Fiction erwarten, gleichsam der Kick, den ihnen die Science-Fiction gibt, der Thrill, der erzeugt wird, wenn der Punkt A im Hier und Jetzt und der Punkt B im Dort und Dann zusammengefaltet werden: Alles verändert sich (Außerirdische kommen auf die Erde, ein Supervulkan bricht aus, eine bahnbrechende Erfindung wird gemacht) oder alles hat sich bereits verändert (andere Planeten wurden besiedelt, es besteht die Möglichkeit der Teleportation, Menschen werden geklont). Die Überwältigung ist umso größer, je weiter die beiden Punkte voneinander entfernt sind, aber sie ist grundsätzlich größer als wir selbst: Wenn die beiden Punkte zusammengefaltet werden, dann wird der einzelne Mensch zur ›Menschheit‹ und die individuelle Geschichte zur ›Geschichte von allem‹. Und doch ist sie nur dann eine Science-Fiction-Überwältigung, wenn sie mit der Welt, die wir Tag für Tag wahrnehmen, auf nachvollziehbare Weise verbunden wird. Das heißt: In der Science-Fiction kann vieles passieren. Aber nicht alles.

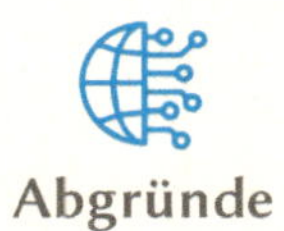

Abgründe

Das Science-Fiction-*kami*

Man kann das künstlerische Kernprinzip der Science-Fiction natürlich auch für allerlei Unsinn verwenden. Zuweilen nimmt der Unsinn in der Science-Fiction sogar solche Ausmaße an, dass sich die Frage aufdrängt, ob sie mehr als andere Kunstformen zum Unsinn neigt. Damit meine ich allerdings nicht irgendwelche phallusförmigen Raumschiffe, mehrarmigen Außerirdische oder fiependen Blechbüchsen, denn die sind kein größerer Unsinn als ein Geheimagent, der nach einer wilden Schießerei regelmäßig im Bett einer schönen Frau landet. Ich meine das tonnenschwere Gewicht, das auf einer Geschichte lastet, wenn die universelle und die individuelle Seite mit brachialer Wucht zusammengefaltet werden. Wenn etwa in *Independence Day* (1996) die Alien-Armada mit einem irdischen Computervirus gestoppt wird. Oder wenn in *Back to the Future* (*Zurück in die Zukunft*, 1985) der durchgeknallte Professor am Ende auf die Frage, ob er bei seinen Experimenten nicht Angst hatte, das Raum-Zeit-Kontinuum durcheinanderzubringen, erwidert: »Ja, aber dann dachte ich mir, pfeif drauf!«

So etwas kann großen Spaß machen und hat wie in *Back to the Future, Guardians of the Galaxy* (2014) oder *Men in Black* (1997) ohnehin parodistische Züge. Mancher Unsinn will eben auch Unsinn sein, was aber nichts daran ändert, dass es Unsinn ist. Für solchen Unsinn prägte die Community schon vor Jahrzehnten das Etikett ›Sci-Fi‹ – ein Begriff, der sich inzwischen leider verselbständigt hat und heute im Kulturbetrieb häufig als Abkürzung für Science-Fiction insgesamt verwendet wird, während man in der Community Science-Fiction mit ›SF‹ abkürzt. SF ist aber nicht gleichbedeutend mit Sci-Fi, sondern Sci-Fi ist ein Teil des SF-Spektrums, eine äußerst erfolgreiche Subkategorie, die sich dadurch auszeichnet, dass die universelle Seite die individuelle Seite so überformt, dass keine nachvollziehbaren Charaktere oder plausiblen Handlungen mehr erkennbar sind. In der Sci-Fi ist alles Überwältigung, ist alles Ereignis, ist alles Effekt.

Das heißt allerdings nicht, dass Science-Fiction-Geschichten mit holzschnittartigen Charakteren grundsätzlich Sci-Fi sind. In John Carpenters Film *The Thing* (*Das Ding aus einer anderen Welt*, 1982) etwa erfahren wir in wenigen Sekunden alles, was man über die Hauptfigur wissen muss, und trotzdem ist *The Thing* überaus gelungene Science-Fiction. Ob eine Geschichte Sci-Fi ist oder nicht, ergibt sich nicht aus der Vielschichtigkeit der Charaktere, sondern aus der Balance aus Bekanntem (ich erzähle euch die Geschichte so, dass ihr euch darin wiederfindet und mir zuhört) und Unbekanntem (ich erzähle euch von etwas, was es hier, wo ihr gerade seid, nicht gibt, aber vielleicht einmal geben könnte). Diese beiden Aspekte kann man nämlich auf sehr rabiate Weise miteinander verbinden – wie in Christopher Nolans Film *Tenet* (2020), der unaufhörlich Gefahr läuft, die Zuschauer in einem Dauerfeuer aus Unbekanntem, aus So-noch-nie-Gesehenem zu verlieren. Man kann sie auch auf lustig-absurde Weise miteinander verbinden – wie eben in *Back to the Future* oder auch in *Dr. Who* (»Da sind Risse in der Zeit, Doktor!«). Und man kann sie auf elegante Weise miteinander verbinden und damit die Wirkung erzielen, dass sich eine Science-Fiction-Geschichte, und sei sie noch so haarsträubend, für ihre Dauer wahr anfühlt – wie in den Filmen *Stalker* (1979), *Under the Skin* (2013) oder eben *The Thing*, in denen die jeweilige Begegnung mit Außerirdischen kohärent in das Sinngefüge unserer wahrgenommenen Welt eingebettet ist und man trotzdem überwältigt wird. Anders ausgedrückt: Eine Science-Fiction-Geschichte muss nicht unbedingt in allem Sinn ergeben, um zu funktionieren, sie muss allerdings *in sich selbst* Sinn ergeben.

Diese Wirkung zu erzielen ist nicht einfach. Denn die universelle Seite der Science-Fiction – ihr *kami*, um in der Origami-Analogie zu bleiben – ist ziemlich umfangreich: ein Universum, in dem ein großer Teil des Lichts, das uns erreicht, Millionen von Jahren alt ist; in dem die Dauer der menschlichen Zivilisation nur ein Wimpernschlag im Kosmos ist; in dem jeder Mensch, jede Lebensform, ein winziges Glied in einer vor Milliarden von Jahren begonnenen evolutionären Abfolge ist; in dem die Milchstraße nur eine von Milliarden Galaxien ist; in dem das meiste, das geschieht, von unseren derzeitigen Sensoren gar nicht wahrnehmbar ist (vielleicht auch nie wahrnehmbar sein wird); in dem es (es spricht jedenfalls nichts dagegen) vor Leben womöglich nur so wimmelt und neben dem es (auch dagegen spricht nichts) vielleicht noch viele andere Universen gibt.

Wie keine andere Kunstform greift die Science-Fiction in Raum und Zeit aus und verknüpft das, was dort zu beobachten ist, mit dem, was Francis Bacon einst mit dem lateinischen Schlagwort plus ultra (»immer weiter darüber hinaus«) bezeichnet hat: immer weiter über die gesicherten Erkenntnisse hinaus denken, imaginieren, fantasieren.

Die gesicherten Erkenntnisse haben sich im Laufe der Menschheitsgeschichte stark verändert und damit auch das plus ultra. Was jedoch nicht bedeutet, dass Science-Fiction, die nach dem aktuellen Stand der gesicherten Erkenntnisse völlig unplausibel oder nicht mehr plausibel ist, keine gelungene Science-Fiction sein kann. Zum einen lesen wir immer noch mit großer Faszination die Geschichten von Mary Shelley, Jules Verne oder H. G. Wells, obwohl sie gleichsam aus der Zeit gefallen sind. Und zum anderen ist auch die neuere Science-Fiction nur selten wissenschaftlich plausibel; weder eine Zeitreise noch eine Teleportation, auch nicht die »invertierte Materie« aus *Tenet,* sind aus heutiger Sicht in irgendeiner Form realistisch.

Das spielt aber für die Wirkung des Sich-wahr-Anfühlens keine große Rolle. Dem Film *Matrix* (1999) etwa liegt die wissenschaftlich völlig abstruse Idee zugrunde, dass unsere Maschinen eines Tages den menschlichen Körper als Energiequelle nutzen werden – was nichts an dem ontologischen Schock ändert, den die Konfrontation mit dem Novum in *Matrix* auslöst. Der funktioniert hervorragend.

Viele SF-Romane und -Filme bemühen sich durchaus um ein wissenschaftlich halbwegs plausibles Szenario oder betonen sogar ausdrücklich ihre wissenschaftliche Plausibilität, aber es gibt auch jede Menge großartige Science-Fiction, die anti-wissenschaftlich, mystisch oder transzendental ist. Frank Herberts *Dune* (*Der Wüstenplanet,* 1965) beispielsweise, einer der meistverkauften SF-Romane überhaupt, spielt in einer Zukunft, in der die Raumschiffe mit Gedankenkraft durchs All bewegt werden und auch sonst kaum eine logisch nachvollziehbare Technik zum Einsatz kommt. Das aber ist innerhalb dieser Zukunftswelt absolut nachvollziehbar. Wenn dagegen in *Star Wars* die Raumschiffe mit lautem Zischen und Dröhnen durchs All rasen oder Laserschwerter mit endlich langen Klingen aufeinanderkrachen, dann ist das ausschließlich dem Effekt geschuldet und durch und durch Sci-Fi.

Gelungene, in sich selbst stimmige Science-Fiction zu schreiben oder zu drehen, heißt also nicht, die imaginierte Welt so eng an unsere Welt zu binden, dass man sich nur im Rahmen des aus heutiger Sicht Möglichen bewegt. Sondern: Die Gesamtheit des *kami*, das die SF-Künstlerinnen und -Künstler für ihre Faltungen verwenden, ist prinzipiell erschließbar. ›Science‹ in Science-Fiction steht nicht für die Wissenschaft, die wir der Welt, in der wir leben, zugrunde legen, oder gar für empirisch überprüfbare Werte – sie steht für die Ausweitung der Idee der Wissenschaft, das Universum und unseren Platz darin zu verstehen, auf die jeweils imaginierte Welt. Während Fantasy auf einer vom Realen losgelösten Imagination basiert, haben wir es bei der Science-Fiction mit einer Überblendung von Realität und Imagination zu tun. Das Science-Fiction-*kami* ist ein Resonanzfeld, in dem zwar etwas grundsätzlich anders ist, doch dieses Andere ist immer noch so konkret, so plastisch, dass wir damit in einen rationalen Austausch treten können, egal, ob es unabhängig von uns ist (ein Außerirdischer, ein Besuch aus einer Parallelwelt, eine kosmische Katastrophe) oder von uns selbst erzeugt wurde (ein Roboter, eine künstliche Intelligenz, ein Klon).

Damit Science-Fiction-Kunst möglich wurde, musste dieses Resonanzfeld allerdings erst erzeugt werden. Das vollzog sich in drei historischen Schritten, aus denen sich die drei zentralen Themenfelder der Science-Fiction ergaben: die Reise von der Erde in den Weltraum, die Verlagerung des fiktiven Geschehens in die Zukunft und die menschliche Manipulation der materiellen Welt. Und diese drei Schritte wiederum waren jeweils Reaktionen auf die Abgründe, die sich vor den Menschen auftaten, als sie begriffen, in was für einem Universum sie tatsächlich leben.

Der erste Schritt: Die Natur ist wie die Natur

Ein ziemlich umfangreicher Teil des theoretischen Apparats, den die SF-Community aufgebaut hat, befasst sich mit der Frage, wann die Science-Fiction eigentlich beginnt. Reicht sie weit zurück in die menschliche Geschichte, gar bis an die Anfänge des Erzählens? Handelt es sich hier um eine Kunst, die mit der Technisierung und Industrialisierung der Lebenswelt im 19. Jahrhundert entstanden ist? Oder sollte man überhaupt erst ab Mitte der 1920er Jahre von Science-Fiction reden, als der Begriff geprägt wurde?

Aus philologischer Sicht ist diese Diskussion nicht uninteressant, denn wenn man in den Archiven gräbt, stößt man immer wieder auf alte Texte, in denen Science-Fiction-Motive auftauchen. Beispielsweise schrieb der römische Schriftsteller Cicero 52 v. Chr. eine kurze Erzählung mit dem Titel *Somnium Scipionis* (*Scipios Traum*), in der er sich vorstellt, durch das Sonnensystem zu reisen und dort auf die Seelen der tugendhaften Toten zu treffen. Auch der griechische Autor Lukian von Samosata verfasste zwischen 160 und 180 n. Chr. Erzählungen über Reisen in den Weltraum. Die berühmteste davon trägt den Titel *Wahre Geschichten* (griech. Ἀληθῆ διηγήματα, lat. *Verae historiae*) und ist eine Parodie auf die damals äußerst populären Reiseberichte, die wie etwa Homers *Odyssee* nur so vor fantastischen Ereignissen strotzten. In *Wahre Geschichten* reist Lukian zu abgelegenen Inseln, zum Mond und zur Sonne und schließlich zu anderen Planeten. Er begegnet allerlei seltsamen Wesen wie den Seleniten und Helioten, den Korkfüßlern und Bullenköpflern und kehrt am Ende nach Hause zurück. Es ist eine wahrhaft atemberaubende Geschichte, die er da erzählt, und vieles davon hört sich tatsächlich an, als hätte er das Hüpfen von einem Planeten zum anderen vorweggenommen, das heute in *Star Wars* so virtuos zelebriert wird. An einer Stelle heißt es bei Lukian:

> Auf unserer Reise kamen wir an vielen verschiedenen Ländern vorbei und gelangten unter anderem auch zum Morgenstern, der gerade kolonisiert wurde; dort stiegen wir aus und versorgten uns mit Wasser. Wir fuhren weiter in Richtung Tierkreis und segelten zur Linken an der Sonne vorbei.

Aber ein Science-Fiction-Motiv macht noch keine Science-Fiction. Von heute aus gelesen, müsste man Lukian eher als mystischen oder allegorischen Autor bezeichnen. Nicht nur, weil er gleich zu Beginn die Lügenhaftigkeit des ganzen Textes bekennt, sondern weil er im Gegensatz zu späteren SF-Künstlern, die zwei auseinanderliegende Punkte auf einer gegebenen Fläche zusammenfalten und damit eine Differenzerfahrung erzeugen, einen Punkt, sein Hier und Jetzt, so weit ausdehnt, wie es ihm eben seine Fantasie gestattet (und er hatte sehr viel Fantasie). Im antiken ptolemäischen Weltbild existierte nämlich kein konkretes Anderswo. Zwar waren das irdische Reich und das Reich der Götter voneinander getrennt, doch das irdische Reich hatte viel größere Ausmaße als nur die Erde. Für Lukian liegt der gesamte nahe Weltraum in derselben Sphäre wie das Meer und die Wolken, folglich schildert er die Reise zu einem anderen Planeten wie eine Reise in ein anderes Land und beschreibt er astronomische Fakten wie meteorologische.

Bei aller erzählerischen Dynamik sind Lukians Texte und andere vergleichbare fantastische Reiseerzählungen der Antike also ausgesprochen statische Geschichten, denn es gab keinen Unterschied zwischen dem Individuellen und dem Universellen, und so konnte man auch nicht von einer Konfrontation, einer Rekonfiguration und einer Öffnung erzählen. Das wurde erst möglich, als sich die Erkenntnis durchsetzte, dass sich die Erde und der Kosmos um sie herum zwar fundamental voneinander unterscheiden, aber doch Teil eines Ganzen sind. Anders gesagt: Das erste große Thema der Science-Fiction, die Reise in den Weltraum, konnte erst etabliert werden, als es möglich geworden war, in der Fantasie an Orte zu reisen, die zwar dezidiert andere, aber gleichzeitig materielle Orte waren.

Diese Orte gibt es noch nicht sehr lange. In den auf Lukian folgenden eineinhalb Jahrtausenden (das Christentum hatte das ptolemäische Weltbild übernommen) hatte fast alles, was für uns fantastisch oder sogar nach Science-Fiction klingt, etwa in den Ritterromanzen oder in Dantes *Commedia* (*Göttliche Komödie*, 1321), einen theologischen Bezug. Aber auch ein von übernatürlichen Elementen völlig freies Buch wie Thomas Morus' *Utopia* von 1516 erschließt noch keinen Science-Fiction-Ort. Das mag überraschen, denn ›Utopie‹ und ›Science-Fiction‹ werden oft und gerne gleichgesetzt. Die frühen Utopien von Thomas Morus, Tommaso Campanella oder Francis Bacon sind jedoch das Gegenteil von Science-Fiction, denn sie erzählen keine Geschichte. Morus bedient sich zwar eines fiktionalen Rahmens, aber in diesen Rahmen steckt er ein elaboriertes politisches Traktat darüber, was gesellschaftlich möglich und vielleicht sogar wünschenswert ist. Das heißt, er stellt die imaginierte Welt außerhalb jeglicher historischen Verflechtung. Seine Inselgesellschaft ist nicht zustande gekommen, es gibt sie einfach.

Die Science-Fiction knüpfte später an die frühen Utopien an, indem sie die Möglichkeit einer gesellschaftlichen Veränderung hin zu etwas Besserem in ihr *kami* integrierte. Aber sie übernahm nicht Morus' Kernidee, dass sich die »beste aller Welten« außerhalb der realen Welt befindet. Science-Fiction, wenn sie von etwas »Besserem« erzählt, ist immer mehrortig, ist heterotopisch: Hier gibt es nichts historisch Abgeschlossenes, mithin auch nichts Bestes. Eine Utopie erzählt nicht, sie referiert; Science-Fiction hingegen erzählt von etwas: von der Begegnung der realen Welt mit einer anderen realen Welt.

Eine solche andere Welt wurde erst real, als immer klarer wurde, dass das ptolemäische Weltbild nicht mit den empirischen Beobachtungen vereinbar ist. Die Kunst der Science-Fiction ist eng verbunden mit dem historischen Prozess, in dem den Menschen bewusst wurde, dass sie ein winziger Teil eines riesigen, dynamischen und indifferenten Universums sind. Dieser Prozess, der im 16. Jahrhundert mit Kopernikus begann und im 17. Jahrhundert so richtig Fahrt aufnahm, war ausgesprochen schmerzhaft, denn plötzlich tat sich ein geistiger Abgrund auf. Angenommen, die Erde ist nicht der Mittelpunkt des Universums: Welche Bedeutung hat sie, haben die von Gott geschaffenen Menschen dann überhaupt noch im kosmischen Geschehen? Gibt es dort oben, dort *draußen* vielleicht Welten, auf denen völlig unabhängig von uns ebenfalls intelligente Wesen leben? Und wenn ja: Unterliegen diese Welten und ihre Bewohner ebenfalls der göttlichen Gnade?

Im Jahr 1600 wurde Giordano Bruno von der Kirche als Ketzer verbrannt, weil er solche Fragen zu stellen wagte, und so bewegten sich in den darauffolgenden Jahrzehnten Wissenschaftler wie der deutsche Astronom Johannes Kepler, der mit seinen Forschungen einen maßgeblichen Beitrag dazu leistete, das kopernikanische Weltbild zu etablieren, auf einem sehr gefährlichen Terrain. Womöglich wurde deshalb Keplers schon 1609 geschriebene Erzählung *Somnium* erst nach seinem Tod 1634 veröffentlicht. Kepler beschreibt hier eine fantastisch-groteske Reise in den Weltraum – es wird von einem Mann erzählt, der mithilfe von Dämonen zum Mond und wieder zurückfliegt –, die zwar mehr an Lukian erinnert, als dass sie die Apollo-Flüge antizipiert. Und doch wird der Mond auf eine Weise geschildert, wie er später von den Apollo-Astronauten tatsächlich wahrgenommen wurde: als ein Ort, der physikalischen Gesetzen unterliegt, die auch für die Erde gelten. Nicht ohne Grund fügte Kepler seiner Geschichte einen umfangreichen wissenschaftlichen Apparat hinzu, der die Vorstellung einer Reise zum Mond mithilfe von Dämonen zwar nicht konterkariert, aber das Magische und das empirisch Beobachtbare gleichsam ausbalanciert und damit zu zwei Seiten derselben ›Wahrheit‹ macht.

Das war ein für die damalige Zeit radikaler Schritt in Richtung Science-Fiction: Ein Ort, der der Erde ähnelt und gleichzeitig *nicht* ähnelt, war nicht nur etwas intellektuell Neues, er war auch bestens dafür geeignet, eine neue Art von Geschichten zu erzählen. Das Hier verband sich mit einem verfügbaren und zugleich unverfügbaren Dort: den Himmelskörpern, dem Raum zwischen den Himmelskörpern. Das war der Impuls für etliche fiktive Reisen ins All im 17. und 18. Jahrhundert wie Cyrano de Bergeracs berühmter *Histoire comique contenant les États et Empires de la Lune et du Soleil* (*Die Reise zum Mond und zur Sonne*, 1657/1662). In diesen Geschichten ging es wahrlich nicht säkular oder gar wissenschaftlich korrekt zu; gerade de Bergerac dachte sich einige herrlich absurde Methoden aus, um in den Weltraum zu fliegen. Aber es ging dort eben auch nicht rein theologisch zu: Indem sie allerlei Nova in Form von fremden Planeten oder exotischen Außerirdischen imaginierten, erzählten sie von einer tatsächlichen Konfrontation mit einem materiellen Anderswo.

Und schließlich drehte Mitte des 18. Jahrhunderts ein Autor die Perspektive um. Voltaires Erzählung *Mikromégas* von 1752 ist die erste Geschichte, die aus der Sicht eines Außerirdischen erzählt ist: Mikromegas, ein riesenhafter Bewohner des Sirius, kommt auf seiner Reise durch das Sonnensystem auf der Erde vorbei und wundert sich sehr über die Menschen und ihre seltsamen Gepflogenheiten. Wie die meisten Erzählungen Voltaires ist *Mikromégas* eine philosophische Fabel, in der es nicht um die Weltraumreise an sich geht, und trotzdem ist es ein Schlüsseltext in der Entwicklung der Science-Fiction. Indem Voltaire die Perspektive des Anderswo einnimmt, befreit er die Konfrontation mit diesem Anderswo von jeder spirituellen Überhöhung. Denn auch Mikromegas unterliegt den Gesetzen des Kosmos, ja, er besteht geradezu darauf, dass man den Kosmos als materielle Sphäre begreift. Zu Beginn der Erzählung trifft Mikromegas auf einen Saturnbewohner, und es entwickelt sich folgender Dialog:

»Man muss doch zugeben, dass die Natur recht mannigfaltig ist.« – »Ja«, bestätigte der Saturnier, »die Natur ist wie ein Beet, dessen Blumen …« – »Ach«, unterbrach der andere, »verschonen Sie mich mit Ihrem Beet.« – »Sie ist«, fuhr der Sekretär fort, »wie eine Versammlung von Blonden und Braunen, deren Haartrachten …« – »Pah, was habe ich denn mit Ihren Braunen zu schaffen?«, fragte der Siriusmann. – »Sie ist dann also wie eine Gemäldegalerie, deren einzelne Werke …« – »Nein – nein doch«, rief unser Reisender, »die Natur ist immer nur wie die Natur. Warum Vergleiche für sie suchen?« – »Um Ihnen zu gefallen«, antwortete der Sekretär. – »Ich will gar nicht, dass man mir gefällt«, gab Mikromegas zurück, »ich möchte, dass man mich belehrt.«

Die Natur ist immer nur wie die Natur … Wir können das Universum erforschen und hier und da vielleicht manipulieren, aber wir haben es stets mit Gesetzen, Kausalitäten und Unwägbarkeiten zu tun, die uns dabei Grenzen setzen. Das so begriffene Universum ist der erste Baustein im Science-Fiction-*kami*: der gigantische Raum, in dem wir existieren.

In diesem Raum kann sich jederzeit »etwas« ereignen, das unsere Welt fundamental verändert: Aliens besuchen die Erde, ein Asteroid rast auf unseren Planeten zu, eine bisher unbekannte Lebensform wird im Eis der Antarktis entdeckt. Das »etwas« ereignet sich allerdings nicht in der Zukunft, jedenfalls nicht in einer Zeit, die unseren Gegenwartshorizont so weit überschreitet, dass man ernsthaft von der Zukunft reden könnte. Geschichten dieses Typs spielen in einer Stunde, übermorgen oder nächste Woche, also in einer sanft verschobenen Gegenwart. Bei Kepler, de Bergerac und Voltaire ist von Zukunft keine Rede, was nicht verwundert: Die Zukunft, wie wir sie heute verstehen – als kontingente und gleichzeitig gestaltbare, also als *offene* Zeit, die sich weit über das Leben eines einzelnen Menschen hinaus erstreckt –, hielt erst sehr spät Einzug in das menschliche Denken.

Der zweite Schritt: Die Zeit ernst nehmen

Die allerlängste Zeit der Menschheitsgeschichte war die Zukunft ein den Propheten, Astrologen und Wahrsagern vorbehaltener Bereich. Sogar die Autoren des Fantastischen, von denen man annehmen könnte, dass ihre Fantasie in alle Richtungen galoppierte, folgten lange bewusst oder unbewusst Aristoteles' Diktum, dass man nicht von etwas erzählen könne, was noch nicht geschehen ist; man könne nur von vergangenen Ereignissen erzählen, »damit die Zuhörer, an diese erinnert, sich über Künftiges besser beraten können«.

Auch das gesamte Mittelalter hindurch sah man in der Zeit eine ewige Abfolge des Immergleichen, bis sie eines Tages mit der Wiederkunft Christi insgesamt zu einem Ende kommen sollte. Die Zukunft war ein so großes Tabu für die Schriftsteller, dass man überhaupt nur von zwei Geschichten vor dem 18. Jahrhundert weiß, die ihr Zukunftsbild nicht aus biblischen Prophezeiungen ableiteten: eine kurze politische Propagandaschrift mit dem Titel *Aulicus His Dream of the Kings Sudden Comming to London* von Francis Cheynell aus dem Jahre 1644 sowie Jacques Guttins Fragment gebliebener Roman *Epigone, Histoire du siècle futur* von 1659. Bei genauerem Hinsehen geht es aber auch hier weder um eine zukünftige Zeit noch um einen zukünftigen Ort. Bei Guttin etwa verschlägt es den Helden Epigone und seine Freunde nach einem heftigen Sturm in ein fremdes Land, das, so behauptet der Erzähler, »in der Zukunft« liegt. Doch nichts in dieser vermeintlichen Zukunftsgeschichte unterscheidet sich von den unzähligen *romances*, die damals geschrieben wurden. Guttins Zukunft ist in Wahrheit eine fantasmagorische Gegenwart.

Trotzdem war sein nicht-religiöses »siècle futur« ein früher Hinweis darauf, dass die Zukunft das menschliche Denken und Handeln immer stärker beeinflussen sollte. Aristoteles' Diktum konnte nämlich nur in einem philosophischen Umfeld Wirksamkeit entfalten, in dem man sich vor allem mit dem ›Ewigen‹ beschäftigte. Philosophie nahm ihren Ausgang als Versuch, Gesellschaft und Kultur vom Standpunkt einer unveränderlichen Wahrheit zu überblicken. Dieses Prinzip wurde noch zu Kants Zeiten hochgehalten, aber immer mehr Philosophen – allen voran Hegel – begannen damit, wie Richard Rorty es ausdrückt, »die Zeit ernst zu nehmen«.

Kurz gesagt: Mit Hegel wurde die Zeit historisch. Er bereicherte das philosophische Denken um die geschichtliche Erzählung, und auch wenn er selbst mit der Zukunft als konkretem Ereignisfeld nicht viel am Hut hatte (»die Zukunft bleibt der Zufälligkeit anheimgestellt«, schrieb er), setzte er die Idee in die Welt, dass die Zukunft prinzipiell *anders* sein könnte als Vergangenheit und Gegenwart, dass die Zeit etwas Neues, ein voneinander unterscheidbares Vorher und Nachher hervorbringen kann. Aus Schicksal wurde Veränderbarkeit und aus Zukunft Zukünftigkeit, und damit weitete sich Mitte des 18. Jahrhunderts das Science-Fiction-*kami* dramatisch aus. Denn mit der Hegel'schen Idee von Veränderbarkeit und Zukünftigkeit, also dem konkreten Unterschied zwischen ›Heute‹ und ›Morgen‹, tat sich ein weiterer geistiger Abgrund auf: Wie sollten die Menschen mit den Zeiträumen umgehen, die nun vor ihnen lagen? Welche Möglichkeiten und Schrecken boten sie? Die Zukunft war plötzlich weit offen und konnte gefüllt werden – aber womit?

Vor diesem Hintergrund entstanden die ersten belletristischen Texte, die in einer Zukunft spielten, in der sich alles ändern konnte, ob zum Guten oder zum Schlechten. Viele von ihnen waren politisch so aufgeladen, dass sie anonym veröffentlicht werden mussten, etwa die religiöse Satire *Memoirs of the Twentieth Century* (1733), die unter anderem eine Versteigerung von Reliquien im Rom des Jahres 1998 schildert. Oder der Roman *The Reign of George VI, 1900–1925* (1763), in dem der englische König im frühen 20. Jahrhundert Frankreich erobert (der erste Roman, der einen Zukunftskrieg schildert). Oder *Private Letters from an American in England to his Friends in America* (1769), der zwar nur einige Jahrzehnte in der Zukunft spielt, dafür aber von einer wahrlich großen Veränderung erzählt: In dieser Zukunft wird ein weitgehend entvölkertes Großbritannien von den USA regiert. Und schließlich wurde im vorrevolutionären Brodeln Frankreichs jener Roman verfasst, der die Zukunft endgültig in das Science-Fiction-*kami* aufnahm: Louis-Sébastien Merciers *L'an 2440* (*Das Jahr 2440*) von 1771.

Mercier, ein Schriftsteller und Journalist, sollte später in der Französischen Revolution eine aktive Rolle spielen und als Girondist ein Jahr im Gefängnis verbringen. In *L'an 2440* ging es ihm allerdings nicht darum, die kommende Revolution zu beschreiben. Die nämlich hat in seinem Buch längst stattgefunden. Das zukünftige Paris, von dem er erzählt, wird nun nach den Ideen der Aufklärung regiert: ein durch und durch republikanisches Gemeinwesen, in dem die Menschen friedlich miteinander leben, sowohl die katholische Kirche als auch Sklaverei und Kolonialismus abgeschafft sind und den Schülerinnen und Schülern schwerpunktmäßig Algebra und Physik gelehrt wird.

L'an 2440, zunächst ebenfalls anonym erschienen, war in den Jahren vor 1789 außerordentlich populär und erlebte etliche Auflagen, in denen der Autor immer wieder Details seiner Zukunftswelt aktuellen Entwicklungen anpasste. Dieser Erfolg ist ohne die damalige Sehnsucht nach einer Veränderung der gesellschaftlichen Verhältnisse kaum erklärbar, denn der Roman selbst ist eine ziemlich dröge Lektüre. Wie die frühen Utopien verwendet Mercier eine fiktive Rahmenhandlung – sein Erzähler, der von den politischen Zuständen der Gegenwart angewidert ist, schläft ein und erwacht Jahrhunderte später im zukünftigen Paris –, um die Errungenschaften einer anderen Gesellschaftsform referieren zu können.

Und doch ist *L'an 2440* nicht im Modus der Utopie, sondern der Science-Fiction geschrieben. Mercier realisierte das revolutionäre Programm weder an einem Nicht-Ort noch zu einem Zeitpunkt, der biblisch assoziiert war wie etwa das Jahr 2000. Das mehr oder weniger beliebig gewählte Jahr 2440 markiert keinen endgültigen geschichtlichen Zustand – hätte Mercier seinen Protagonisten in das Jahr 3122 oder 4077 reisen lassen, dann wäre er dort auf eine ganz andere Gesellschaft gestoßen. So lässt Mercier an einer Stelle einen Bürger seines Zukunftsstaates sagen:

> Es gibt noch eine ganze Reihe von Dingen, die wir verbessern müssen. Wir sind aus der Barbarei herausgetreten, in der Ihr versunken wart … Nach und nach wurde der Geist herangebildet. Wir müssen noch mehr tun, als wir bisher geschafft haben. Wir haben nicht viel mehr erreicht als die Hälfte der Leiter.

Auch wenn Mercier den Entwicklungsprozess nicht beschreibt, steht sein Gemeinwesen im Gegensatz zu einer Utopie nicht außerhalb der geschichtlichen Entwicklung. Die Zukunft von *L'an 2440* ist eine Science-Fiction-Zukunft: kein statischer, sondern ein grundsätzlich dynamischer Ort, ein Ort der Konfrontation, der Rekonfiguration, der Öffnung. Mercier verband sein konkretes Jetzt mit einem konkreten Dann und etablierte damit das zweite große Thema der Science-Fiction: die Verlagerung des fiktiven Geschehens in die Zukunft.

Hin und wieder wird in der Science-Fiction exakt angegeben, wann dieses Dann sein soll, wie bei Mercier oder etwa in Stanley Kubricks *2001: A Space Odyssey* (*2001: Odyssee im Weltraum*, 1968). Die meisten SF-Geschichten spielen aber einfach ›in der Zukunft‹: in einer nahen Zukunft, in der sich nur wenige Aspekte geändert haben (wie in der TV-Serie *Black Mirror*), in einer weiter entfernten Zukunft, in der vieles anders und die Menschheit ins All aufgebrochen ist (wie in der *Alien*-Saga) oder in einer ganz fernen Zukunft, in der nicht mehr viel an die Gegenwart erinnert und sogar die Erde längst vergessen ist (wie in *Dune*).

Aber heißt das, dass die Science-Fiction auch etwas mit der Zukunft zu tun hat, wie sie *wirklich* einmal sein könnte? An dieser Frage scheiden sich in der SF-Community die Geister.

Manche sind der Meinung, dass die Science-Fiction durchaus etwas Konkretes über die Zukunft mitzuteilen hat, dass sie die Zukunft zuweilen sogar vorwegnimmt – schließlich sagt man ja auch »Das ist keine Science-Fiction mehr«, wenn etwas, das zuvor ein gängiges SF-Thema war, in unseren Alltag diffundiert. Doch selbst wenn SF-Vorhersagen nicht eintreffen, inspiriert die Science-Fiction in dieser Sichtweise die Zukunft auf jeden Fall: im Kleinen, indem sie zum Beispiel technische

Geräte imaginiert, die man vielleicht eines Tages bauen könnte, und im Großen, indem sie, wie es der SF-Autor Neal Stephenson ausdrückt, »die Bahn frei für die Zukunft macht«, also den Glauben aufrechterhält, dass wir Menschen in der Zukunft zu spektakulären Taten in der Lage sein werden.

Andere in der SF-Community sehen die Zukunft lediglich als Vehikel, mit dem die Science-Fiction die Hoffnungen und Ängste einer jeweiligen Gegenwart auf eine Art und Weise thematisiert, wie es andere Kunstformen nicht tun: als konkretes Ausfabulieren von erwünschten oder befürchteten Ereignissen. Einige SF-Autoren stellen sogar völlig in Abrede, dass es in der Science-Fiction um die Zukunft geht. Für J. G. Ballard oder William Gibson etwa beschreibt Science-Fiction nicht mehr, aber auch nicht weniger als eine »visionäre Gegenwart«.

Der Gegensatz zwischen »Lasst uns davon erzählen, wie es einmal sein könnte« und »Lasst uns davon erzählen, wie es in unseren Köpfen bereits ist« ist aber gar keiner, denn man kann die Science-Fiction für beide Möglichkeiten verwenden. Ein Roman wie *1984* ist sowohl eine abschreckende Zukunftsvision, auf die im politischen Diskurs regelmäßig rekurriert wird, wie auch eine ziemlich genaue Schilderung des trüben Nachkriegsenglands (Orwell hat für seinen Titel einfach die letzten beiden Ziffern jenes Jahres umgedreht, in dem er das Buch fertiggeschrieben hat).

Zukünfte altern immer, Zukünftigkeit nicht. Obwohl das Jahr 1984 längst Vergangenheit ist, lesen wir Orwells Buch immer noch als Zukunftsroman, denn die Science-Fiction ist keine belletristische Unterabteilung der Prognostik: Das allermeiste von dem, was in der Science-Fiction als Zukunft beschrieben wurde, ist nie Wirklichkeit geworden und wird auch nie Wirklichkeit werden. Natürlich gab es hier und da Zufallstreffer, und es gab unter den Autoren auch überaus begabte Prognostiker wie Arthur C. Clarke oder Mack Reynolds. Aber auch wenn Jules Verne im 19. Jahrhundert genau beschrieb, von wo die Mondraketen einmal tatsächlich starten würden, lag er mit allen anderen Aspekten seiner Reise zum Mond doch völlig falsch. Die Science-Fiction sagt die Zukunft nicht vorher, sondern sie metaphorisiert, poetisiert, imaginiert die Zukunft. Die Zukunft der Science-Fiction ist nicht die Zukunft, mit der wir es in unserem täglichen Leben zu tun haben, also die Zukunft, wie sie sein könnte (das Spielfeld der Zukunftsforscher), oder die Zukunft, wie sie sein sollte (das Spielfeld der Politiker). In der Science-Fiction können sich Dinge ereignen, von denen wir genau wissen, dass sie sich nie ereignen werden, und viele Autoren machen daraus auch gar keinen Hehl. So hat Isaac Asimov in *Nightfall* einfach die amerikanische Mittelstandsgesellschaft der 1940er Jahre auf einen Planeten versetzt, um den sechs Sonnen kreisen; es war ihm egal, ob das ein seriöses Zukunftsbild ergeben würde. Die Zukunft der Science-Fiction ist eine künstlerische Zukunft – sie kann ebenso eine variierte Gegenwart sein, die dadurch zustande gekommen ist, dass irgendetwas die Vergangenheit verändert hat.

Die Ausweitung des Science-Fiction-*kami* in die Zeit vollzog sich endgültig mit der Wende zum 19. Jahrhundert. Der Raum verlor sein Monopol als Ort des Science-Fiction-Geschehens und verschmolz mit der Zeit. Wenn die Zukunft aber von nun an prinzipiell veränderbar war, stellte sich unvermeidlich die Frage: Können wir Menschen sie auch verändern? Und wenn ja, mit welchen Mitteln?

Spätestens in dem Moment, als sich Napoleon im Dezember 1804 in Notre-Dame selbst zum Kaiser krönte, begann die Neuzeit. Es war der politische Kulminationspunkt eines Prozesses, in dem religiöse Bindungen, Jenseitserwartungen und kultische Verrichtungen immer mehr aus dem gesellschaftlichen Leben verdrängt wurden. Dieser Prozess wird »Säkularisierung«, »Verweltlichung« oder bei Max Weber »Entzauberung« genannt, was jedoch nicht bedeutet, dass damals mit der Befreiung von einer mystisch-religiösen Weltsicht eine ›echte‹ Welt zum Vorschein kam. Ganz im Gegenteil: Die Wirklichkeit war nun rundum zweifelhaft geworden, und, wie Hans Blumenberg schreibt, »der in der Verborgenheit Gottes seiner metaphysischen Garantien für die Welt beraubte Mensch musste sich eine Gegenwelt von elementarer Rationalität und Verfügbarkeit konstruieren«.

Vor diesem Hintergrund kristallisierte sich das dritte zentrale Thema der Science-Fiction heraus: die Veränderung der Welt und des Menschen *durch den Menschen*. Zu den Voraussetzungen von Science-Fiction gehört nicht nur eine materielle Vorstellung von Raum und Zeit, die den Rahmen des individuellen menschlichen Lebens weit übersteigt, sondern auch eine Vorstellung davon, wie die zukünftigen materiellen Veränderungen in die Wege geleitet werden können. Dieser Vorstellung liegen all die von uns Menschen erzeugten Maschinen, Roboter, Androiden, Monster, Mutanten, Klone und nicht zuletzt die fliegenden Autos zugrunde, die die Science-Fiction bald bevölkern sollten. Die Science-Fiction knüpfte hier an die uralte Idee vom Menschen als Zauberlehrling an, befreite sie aber von allen theologischen Aspekten. Der

Mensch wird selbst zum Demiurgen, zum Quasi-Gott, zum Schöpfer neuen Lebens und einer neuen Welt.

Ein so radikaler Gedanke konnte sich wohl erst in den Köpfen der Menschen etablieren, als er durch eine konkrete Praxis anschaulich geworden war: das Abfeuern einer Gewehrkugel, das Zischen einer Dampfmaschine, das elektrische Zucken toter Froschmuskeln. Vor allem aber die Eroberung des Himmels, wie sie sich im Sommer 1783 ereignete, als über den Feldern und Städten Frankreichs nie zuvor gesehene Objekte aufstiegen: Ballons aus bunt bemalter Baumwolle, die von erhitzter Luft oder Wasserstoffgas in den Himmel gehoben wurden. Staunend blickten die Menschen damals auf die wundersamen Flugobjekte über ihren Köpfen, denn es war nicht jene Art von Wunder, das von Naturerscheinungen hervorgebracht wurde – dieses Wunder war menschengemacht. Die Luftschiffe der Brüder Montgolfier waren ein einschneidendes Ereignis. Plötzlich konnte man mit eigenen Augen sehen, wie der Mensch in Räume vordringt, die bisher den Göttern oder den Dämonen – oder dem einen Gott – vorbehalten waren. Ein einschneidendes Ereignis auch für die Science-Fiction: Es dauerte nicht allzu lange, da stiegen in den Geschichten ebenfalls Ballons auf. (Auch Mercier ergänzte 1786 die Neuauflage von *L'an 2440* um ein Kapitel, in dem Paris und Peking mittels Ballons miteinander kommunizieren.)

Im Unterschied zur Dampfmaschine basierten die Ballonflüge auf einer denkbar einfachen technischen Innovation, aber sie waren der weithin sichtbare Hinweis darauf, dass den Menschen die Zukunft nun tatsächlich weit offenstand. Sie waren der Auftakt für eine Ära, in der sich scheinbar Festgefügtes, Unveränderbares vor aller Augen auflöste, ob politisch (mit der Französischen Revolution) oder materiell (mit der beginnenden industriellen Revolution). Die Ära der *scientists* – 1831 löste dieser Begriff auf einer Sitzung der britischen Royal Geological Society den alten Terminus *natural philosopher* ab. Eine Ära, in der die Vorstellung aufkam, der Mensch könne sich die materielle Welt unterwerfen und nach Belieben kontrollieren.

Und so wurde im frühen 19. Jahrhundert das Science-Fiction-*kami* komplettiert: Von nun an befassten sich die Autorinnen und Autoren nicht nur mit Raum und Zeit, sondern auch mit der menschlichen Aneignung von Raum und Zeit. Die Möglichkeit dieser Aneignung ließ allerdings erneut einen geistigen Abgrund aufklaffen: Was würde geschehen, wenn Menschen das, wozu sie jetzt fähig waren oder glaubten, fähig zu sein, auch wirklich taten? Das beginnende 19. Jahrhundert war nicht nur eine Zeit bahnbrechender wissenschaftlicher Entdeckungen und technischer Leistungen, es war auch eine Zeit tiefer Verunsicherung. Unter den Geschichten jener Jahre, die später in den SF-Korpus integriert werden sollten, findet man düstere Endzeitvisionen wie *Le dernier Homme* (*Der letzte Mensch*, 1805) von Jean-Baptiste de Grainville. Manche von ihnen oszillierten zwischen Traum und Realität wie E.T.A. Hoffmanns *Der Sandmann* (1816). Und andere nahmen sich die Hybris des Menschen vor, der nun in der Lage schien, Leben zu erschaffen – wie Mary Shelleys *Frankenstein or The Modern Prometheus* (*Frankenstein oder Der moderne Prometheus*, 1818).

Shelleys außerordentlich einflussreicher Roman – er war so einflussreich, dass er später von einer Lawine aus Verfilmungen verschüttet wurde – wird häufig als der erste echte SF-Roman bezeichnet, weil darin erstmals ein Lebewesen nicht durch Zauberei oder göttliche Intervention, sondern von einem Wissenschaftler im Labor erschaffen wird. Im

Vorwort zur Erstausgabe wird dieser Umstand dezidiert hervorgehoben:

> Das Geschehen, das den Kern dieser Geschichte bildet, hat nicht die Nachteile einer bloßen Gespenstergeschichte oder einer Geschichte über Magie. Es empfahl sich durch die ungewöhnlichen Situationen, die sich daraus ergeben, und wie ausgeschlossen es als reines Faktum auch sein mag, so gewährt es der Vorstellungskraft doch einen umfassenderen und eindrucksvolleren Blickwinkel für eine Skizze menschlicher Leidenschaften als irgendeine Schilderung tatsächlicher Ereignisse bieten kann.

Im Gegensatz zu den Filmen, in denen das Monster durch spektakuläre elektrische Entladungen zum Leben erweckt wird, ist im Roman lediglich von einem ominösen »Funken« die Rede. Der Moment der Schöpfung wird in wenigen Sätzen abgehandelt, der Schwerpunkt des Textes liegt ganz auf Frankensteins Auseinandersetzung mit dem von ihm zum Leben erweckten Geschöpf, das im Roman auch gar nicht wie ein Monster wirkt, sondern sogar recht schnell sprechen lernt. Die Autorin machte sich um das »Faktum« kaum Gedanken, und so kann man *Frankenstein* ebenso gut als Terrorgeschichte lesen und in Frankensteins Tod die gerechte Strafe für den Zauberlehrling sehen, wie ihn die Literatur viele Jahrhunderte lang allegorisiert hatte.

Und doch ist *Frankenstein* eine lupenreine SF-Geschichte, denn in der Science-Fiction geht es nicht um das Wie – *wie* man im Labor Leben erzeugt, *wie* man ein Raumschiff auf Überlichtgeschwindigkeit bringt oder *wie* Beamen wirklich möglich sein könnte. (Vermutlich werden wir nie mit Überlichtgeschwindigkeit fliegen oder uns hin und her beamen können.) In der Science-Fiction geht es darum, *dass* es geschieht und was sich daraus ergibt.

In der Zeit, in der *Frankenstein* entstand, prägte der englische Dichter Samuel Taylor Coleridge für die Schule der Fantastik den Begriff *willing suspension of disbelief*, also das Vermögen, einen fantastischen Text als in sich stimmig zu betrachten, indem man »die Ungläubigkeit willentlich aussetzt«. Das funktioniert bei einer Fantasy- oder Horror-Geschichte allerdings anders als bei der Science-Fiction: Hier ergibt sich diese willentliche Aussetzung, indem man das eigentlich Unmögliche – oder das zu einem bestimmten Zeitpunkt unmöglich Scheinende – nicht einfach nur zur Kenntnis nimmt, sondern indem man sich mit aller Verve darauf stürzt. Dem folgend dekliniert *Frankenstein* die Konsequenzen des eigentlich Unmöglichen poetisch vorbildlich durch, aber erst in den Jahren nach Shelley wurde den Autoren so richtig bewusst, dass sich mit der *science* ein gigantisches Reservoir für die unglaublichsten Abenteuererzählungen gebildet hatte, die nicht wissenschaftlich plausibel sein mussten, sich aber im Rahmen einer Geschichte plausibel geben konnten. Die Fragen »Wie weit können wir in Raum und Zeit blicken?« und »Zu was sind wir fähig?« verschmolzen zu: »Wie genau können wir beschreiben, was wir da erblicken und wozu wir fähig sind?«

Kein anderer Autor in der ersten Hälfte des 19. Jahrhunderts zelebrierte diese Verschmelzung so sehr wie Edgar Allan Poe. Obwohl Poe nur wenige Geschichten geschrieben hat, die man als Science-Fiction bezeichnen kann, markiert er doch den Endpunkt eines historischen Kontinuums, in dem sich das Science-Fiction-*kami* etabliert hatte. So wurde etwa ein Ballonflug zum Mond, von dem Poe in *The Unparalleled Adventure of One Hans Pfaall* (*Das unvergleichliche Abenteuer eines gewissen Hans Pfaall*, 1835) erzählt, schon zu seiner Zeit als wissenschaftlich ausgeschlossen betrachtet, aber es ging ihm eben nicht darum, ob etwas möglich oder unmöglich ist, sondern darum, dieses Etwas so zu schildern, als wäre es möglich. Und genau das tat er. Wie die allermeisten SF-Autoren stellt Poe nicht die Technik an sich (es ist lediglich von einer »ganz bestimmten metallischen Substanz, beziehungsweise eines Halbmetalls, das ich nicht näher bezeichnen werde«, die Rede), sondern die technische und damit psychische Aneignung der Welt in den Mittelpunkt der Erzählung. Ja, diese Aneignung macht die Geschichte praktisch aus. Poe schildert die Ballonfahrt zum Mond in aller Ausführlichkeit als ganz und gar materielle Reise. Anders ausgedrückt: Er schildert sie als Möglichkeit und Unmöglichkeit zugleich.

Damit war ab Mitte des 19. Jahrhunderts das Science-Fiction-*kami* vollständig: ein fiktives Amalgam aus Raum, Zeit und Verfügbarkeit. Die Science-Fiction konnte als Kunstform genutzt werden. Und das wurde sie.

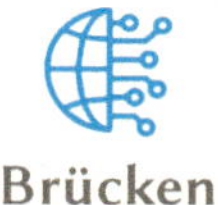

Brücken

Science-Fiction als Kulturtechnik

Magnetschwebebahnen, die durch organisch geformte Brückenkonstruktionen schießen. Fliegende Autos, die über funkelnde Megastädte zischen. Vollständig elektrifizierte Wohnungen, die medial dauerbeschallt werden. Wagemutige Abenteurer, die ferne Planeten erkunden und kolonisieren. Ingenieure und Wissenschaftler, die unsere Zukunft gestalten … All das, was man spontan mit Science-Fiction assoziiert, wurde von der Mitte des 19. bis zur Mitte des 20. Jahrhunderts ersonnen und prägte das Bild von Science-Fiction als unaufhörlicher Expansion menschlicher Möglichkeiten, als permanenter Überschreitung des jeweils Vorstellbaren, als Anspruch, dass die Zukunft prinzipiell erzählbar ist.

Und all das war eng mit einer ganz bestimmten Weltregion verbunden: den westlichen Ländern, insbesondere dem kulturellen und geografischen Dreieck aus Großbritannien, Frankreich und den USA. Natürlich wurde auch anderswo Science-Fiction geschrieben, aber nur selten bildete sich jener psycho-kulturelle Nährboden, in dem Science-Fiction Wurzeln schlagen und sich ein Markt für ihre Produkte entwickeln konnte. In Afrika, Lateinamerika oder Südostasien etwa existiert keine eigenständige Science-Fiction-Tradition. Offenbar braucht es für einen solchen Nährboden also besondere Voraussetzungen, denn im Gegensatz zu anderen Erzählformen wie der Tragödie, der Geistergeschichte oder dem historischen Epos, die man überall in der Welt findet, war die Science-Fiction noch bis vor einem Jahrhundert eine fast ausschließlich westliche Kunst, genauer gesagt: eine Kunst, die fast ausschließlich von weißen Europäern und ihren nordamerikanischen Verwandten praktiziert wurde.

Das ist erst einmal nicht schwer zu erklären. Ein Science-Fiction-*kami* bildet sich vor allem in einer Kultur, in der sich die *science* als maßgebliches Instrument zur Welterkenntnis durchgesetzt hat. Im Westen wurde das Wissen erstmals verwissenschaftlicht, Subjekt und Objekt wurden voneinander getrennt, die äußeren Erscheinungen wurden von Analogien der inneren Welt zu Gegenständen, die man studieren und analysieren konnte.

Die Science-Fiction ist aber nicht nur im Westen entstanden, sie ist dort in nur wenigen Jahrzehnten zu einem festen Bestandteil der Kultur geworden. Zwar hat sich im Laufe des 20. Jahrhunderts auch in anderen Weltregionen – in der Sowjetunion, in Japan und später in China – eine Science-Fiction-Tradition entwickelt, doch das war nur möglich, weil diese Länder, wenn auch mit jeweils anderen Methoden und unter anderen politischen Rahmenbedingen, die grundlegende ökonomische Vorgehensweise des Westens übernommen hatten: die Welt mit wissenschaftlichen Methoden nicht nur zu erkennen, sondern sie damit auch tiefgreifend zu verändern, die Gegenstände der Welt auseinanderzunehmen und wieder neu zusammenzusetzen, den Raum (den Planeten Erde und gerne auch andere Himmelskörper) und die Zeit (die nahe und auch die fernere Zukunft) ganz konkret zu erobern.

Die Entwicklung der Science-Fiction zu einem kulturellen Massenphänomen und schließlich zu einem Exportschlager ist untrennbar mit der industriellen Revolution, der Elektrifizierung, der Technisierung und Medialisierung beinahe aller Lebensbereiche verbunden, die ab Mitte des 19. Jahrhunderts den Alltag der Menschen in Westeuropa und den USA fundamental veränderten. Science-Fiction wurde, wie gesehen, schon vorher geschrieben, aber in dieser Zeit entstand das, was wir meinen, wenn wir heute von ›der‹ Science-Fiction sprechen: Geschichten, die nach vorne, auf die andere Seite der Abgründe aus Raum, Zeit und Verfügbarkeit blicken. Kurz gesagt: Die Science-Fiction wurde futuristisch.

Durch die Dynamisierung der Gegenwart wurde ein imaginärer Ort erzeugt, der zum wichtigsten Treiber beinahe aller menschlichen Aktivitäten wurde: die ›Welt von morgen‹ – eine so antizipierte wie fantasierte Welt aus schier unendlichen Möglichkeiten, das menschliche Leben mittels wissenschaftlicher Prognostik und der richtigen Anwendung zahlreicher Techniken zu verbessern. Die Zukunft wurde, wie es Loren Eiseley einmal ausgedrückt hat, zu »unserer primären Obsession«. So heißt es im Vorwort zum 1910 erschienenen Buch *Die Welt in 100 Jahren*, in dem sich etliche Autoren über die Zukunft Gedanken machten, dass es »seit je das große Sehnen der Menschheit« war, »von der Zukunft den Schleier zu heben«, und es nun möglich ist, »in klarer, logischer, wissenschaftlich unanfechtbarer Folgerung« das Bild der Zukunft zu entwerfen. Und dieses Bild ist

> so großer Verheißungen voll, dass diese uns oft anmuten gleich Märchen, und doch ist in unserer alles überholenden Zeit vieles von dem, was uns am märchenhaftesten scheint, seit der kurzen Spanne Zeit, die vergangen ist, seit es geschrieben, doch schon zur Wahrheit geworden.

Die Welt in 100 Jahren liest sich heute, als hätten die Autoren damals Zukunftsforschung betrieben (unter anderem wird darin ziemlich detailliert ein Handy beschrieben). Tatsächlich aber ist das Buch eine Ansammlung wilder Spekulationen, denn die ›Welt von morgen‹ wurde nicht »logisch« oder gar »wissenschaftlich unanfechtbar« erschlossen; 1910 gab es keine Forschungsinstitute, Regierungsbehörden, Konferenzen oder Experten, die sich mit der Zukunft beschäftigten. Die ›Welt von morgen‹ war erst einmal eine Angelegenheit für die Science-Fiction, jene Kunst, in der Gegenwart und Zukunft auf so verwirrende wie erhellende Weise miteinander verschmelzen. Die Science-Fiction erhielt gleichsam den Auftrag, Brücken über die Abgründe zwischen dem Hier und Jetzt und dem Dort und Dann zu schlagen. War die Science-Fiction bei Kepler, Shelley oder Poe noch eine weitgehend reaktive Kunst, wurde sie ab Mitte des 19. Jahrhunderts mehr und mehr zu einer *ars activa*, zu einer Kulturtechnik. Die Science-Fiction sollte sich der Zukunft bemächtigen, sollte die ›Welt von heute‹ extrapolieren und damit den Menschen ein Gefühl für die ›Welt von morgen‹ vermitteln. Und auch wenn die Zukunftsforschung heute längst institutionalisiert und akademisiert ist, wird dieser Anspruch immer noch an die Science-Fiction herangetragen, werden SF-Autorinnen und -Autoren immer noch konsultiert, wenn man sich fragt, wie es in der Zukunft wohl zugehen könnte.

Das war allerdings schon damals ein Missverständnis. Nicht

›die Zukunft‹ stand im Mittelpunkt der Science-Fiction ab Mitte des 19. Jahrhunderts und erst recht nicht eine überschießende Zukunftseuphorie – viele der damaligen SF-Autoren hatten einen ausgesprochen skeptischen Blick auf die ›Welt von morgen‹. Sondern der unaufhaltsame und sich stetig steigernde Veränderungsprozess, der die westliche Zivilisation in der zweiten Hälfte des 19. Jahrhunderts – und ab 1917 auch die Sowjetunion – erfasste. 1941 sollte der SF-Autor Robert A. Heinlein diesen Markenkern der Science-Fiction in einer Rede so formulieren:

> Ich glaube, dass die Science-Fiction, auch die lächerlichste und obskurste davon, egal, wie schlecht sie geschrieben ist, einen ausgesprochen therapeutischen Wert hat, denn das primäre Postulat jeder Science-Fiction ist es, dass sich die Welt ändert.

Als Heinlein das sagte, blickte er auf ein Jahrhundert zurück, in dem sich die Welt über den Transmissionsriemen *science* so grundlegend verändert hatte wie nie zuvor in der Geschichte der Menschheit. Jahre auch, in denen die Science-Fiction Bilder eines möglichen Dort und Dann entworfen hatte, die sich tief in das kollektive Bewusstsein des Westens eingruben und bis heute nachhallen.

Zwei Dynamiken: Jules Verne und H. G. Wells

Noch aber war es nicht so weit. Noch war nicht klar, auf welche Weise sich *science* und *fiction* genau verbinden würden. Doch dass sie es taten, war unübersehbar.

Die zweite Hälfte des 19. Jahrhunderts vibrierte nämlich geradezu vor *science.* Charles Lyell widerlegte die biblische Vorstellung, dass die Erde weniger als 6000 Jahre alt sei, und etablierte das Konzept einer »tiefen Zeit«. Charles Darwin stellte den Menschen als komplexes Tier in ein Kontinuum mit der übrigen Natur. Rudolph Clausius entwickelte die Idee eines entropischen, immer weiter zerfallenden Universums. Und der Fortschrittsdichter Alfred Tennyson deklamierte, dass sich die Welt von nun an »auf immer durch die singenden Rillen des Wandels drehen« würde. Die individuelle menschliche Existenz wurde auf eine mikroskopische Größe reduziert, aber für die Menschheit wurden Raum und Zeit weit geöffnet.

Die zweite Hälfte des 19. Jahrhunderts vibrierte auch vor Science-Fiction. Camille Flammarion unternahm mystische Reisen in den Weltraum. Charles Renouvier ersann eine Welt, in der das Römische Reich nicht untergegangen ist. Edwin Abbot schickte seinen Erzähler durch ein Universum, das nur aus zwei Dimensionen besteht. Edward Bellamys technokratische Verheißung *Looking Backward, 2000–1887* (*Ein Rückblick aus dem Jahre 2000 auf das Jahr 1887*, 1888) wurde zu einem transatlantischen Bestseller. Kurd Lasswitz erzählte in *Auf zwei Planeten* (1897) von einer schicksalshaften Begegnung mit den Marsianern. Und im englischen Parlament wurde heftig über George Chesneys Buch *The Battle of Dorking* (1871) diskutiert, das eine britische Niederlage gegen die deutsche Invasionsarmee in einem zukünftigen Krieg beschrieb.

Es blieb allerdings zwei anderen Autoren vorbehalten, *science* und *fiction* so miteinander zu verbinden, dass die Konturen dessen sichtbar wurden, was man bald Science-Fiction nennen sollte: Jules Verne und H. G. Wells. Sie sind die beiden entscheidenden Portalfiguren hin zur Science-Fiction, wie wir sie heute kennen.

Und dabei hatten sie eigentlich kaum etwas miteinander gemeinsam. Beide waren zwar extrem produktiv und erfolgreich, aber sie publizierten nicht nur zeitversetzt voneinander (Verne begann in den 1860er Jahren, der jüngere Wells in den 1890ern) und in unterschiedlichen Ländern (Frankreich und England), sie hatten auch eine ganz unterschiedliche Vorstellung davon, wie *science* und *fiction* miteinander korrespondieren sollten. Dieser Tatsache waren sie sich durchaus bewusst. So kommentierte Verne, der 1865 in *De la Terre à la Lune* (*Von der Erde zum Mond*) seine Version einer Mondreise vorgelegt hatte, Wells' 1901 erschienenes Buch *The First Men in the Moon* (*Die ersten Menschen auf dem Mond*) mit den Worten:

> Ich verwende Physik. Er erfindet. Ich fliege mit einem Projektil zum Mond, das von einer Kanone abgefeuert wird. Da ist nichts erfunden. Er fliegt mit einem Flugzeug, das aus einem Material gebaut ist, welches den Gesetzen der Gravitation trotzt. Das ist ja alles schön und gut, aber zeigen Sie mir dieses Material. Lassen Sie Mr. Wells es herstellen.

Rückblickend ist Vernes Kommentar natürlich ulkig, weil seine Idee, Menschen mit einer Kanone zum Mond zu schießen, mit den späteren Mondflügen ebenfalls nichts zu tun hatte – kein Astronaut würde einen solchen Abschuss überleben. Aber Verne sah sich eben im Einklang mit den wissenschaftlichen Erkenntnissen seiner Zeit, und daraus wurde in den folgenden Jahrzehnten der Unterschied zwischen ihm und Wells konstruiert, dass Verne halbwegs realitätskompatible Science-Fiction geschrieben und Wells einfach munter herumspekuliert habe.

Tatsächlich haben aber beide, Verne und Wells, sowohl realitätskompatible als auch völlig spekulative Geschichten geschrieben. Beide haben Texte geschrieben, die aus heutiger Perspektive wissenschaftlich unhaltbar sind – in *The War of the Worlds* (*Der Krieg der Welten*, 1898) schießt Wells seine Marsianer ebenfalls mit einer Kanone durchs All. So wie beide sowohl optimistisch als auch pessimistisch grundierte Geschichten geschrieben haben (Vernes Verleger hat die pessimistischen nur stark überarbeitet oder gleich ganz zurückgehalten). Der eigentliche und für die Science-Fiction entscheidende Unterschied zwischen den beiden findet sich woanders, nämlich in der gegensätzlichen Dynamik, die ihren Texten zugrunde liegt.

Verne schrieb im Wesentlichen kinetische Science-Fiction. Nicht ohne Grund erschienen seine Romane unter dem Label *voyages extraordinaires*. Bei Verne geht es fast immer darum, von einem Ort zum anderen zu kommen, etwas zu erforschen, herauszufinden, zu unternehmen, eine Aufgabe zu erledigen, ein Rätsel zu lösen. Seine Figuren sind in ständiger Bewegung, während die Welt um sie herum mehr oder weniger statisch bleibt. Verne spielt zwar virtuos mit dem Gefühl, dass es Kräfte gibt, die unsere Welt destabilisieren können, und zuweilen wird sie auch destabilisiert, aber er lässt seine Helden mit Mut und wissenschaftlicher Vernunft regelmäßig in die vertraute Umgebung zurückkehren. Seine berühmteste Figur Captain Nemo nimmt die vertraute Umgebung in Form des Unterseebootes Nautilus sogar mit auf seine Abenteuer.

Verne hat die wissenschaftlichen Erkenntnisse und technischen Errungenschaften des 19. Jahrhunderts in spannende, exotische Geschichten gegossen, aber er extrapolierte nicht, sein Hintergrund war die bekannte Gegenwart, genauer gesagt: die *interpretierte* Gegenwart, eine Gegenwart, die sich wie eine Zukunft anfühlte. Verne machte aus seiner Gegenwart eine Wunderkammer, in der Forscherhelden dem Unbekannten, Unentdeckten, Unerhörten begegnen konnten. So bemerkt Nemo in *Vingt mille lieues sous les mers* (*20 000 Meilen unter den Meeren*, 1869/70) gegenüber einem seiner unfreiwilligen Gäste:

> Sie sollen im Land der Wunder reisen. Staunende Verwunderung wird beständig Ihre Seele füllen. Das ununterbrochen Ihren Augen dargebotene Schauspiel wird Sie nicht leicht abstumpfen … Von diesen Tag an werden Sie in ein neues Element treten, Sie werden sehen, was noch kein Mensch zu sehen vermochte, und unser Planet wird Ihnen durch meine Vermittlung seine letzten Geheimnisse mitteilen.

Hier findet man die eine maßgebliche Verbindung von *science* und *fiction*: die Science-Fiction als Diskurs über das Mögliche und Machbare, als menschliche Aneignung der Welt und ihrer Wunder, als unaufhörlicher Aufbruch und Unterwegssein. Was können wir tun? Wohin können wir gehen? Was können wir bauen? Wie weit können wir reisen? Was können wir dort alles erleben? Vernes Texte platzten nur so aus allen Nähten vor Entdeckungen und Erfindungen, die der Welt einen neuen Klang entlockten, und regelmäßig streute er mathematische Berechnungen und technische Exkurse ein (ein in der heutigen Science-Fiction »Infodump« genanntes Verfahren), die zwar nicht immer mit empirischer Wissenschaft zu tun hatten (auch wenn der Autor darauf bestand), das Geschehen aber konsequent wissenschaftlich einbetteten. Hinzu kam ein weiterer, außerordentlich wichtiger Aspekt: Vernes Romane erschienen mit Illustrationen, die den Effekt des »Das könnten wir doch wirklich einmal machen, wenn wir nur wollen« entscheidend verstärkten und enorm zu ihrer Popularität beitrugen.

Auf einen solchen Effekt zielte H. G. Wells nicht ab. Ganz im Gegenteil: Wells schrieb keine kinetische, sondern ontologische Science-Fiction. Bei ihm sind nicht die Figuren in Bewegung, sondern die Welt um sie herum bewegt sich, verändert sich, rekonfiguriert sich, wird unaufhörlich zu etwas Neuem, anderem, Noch-nie-Dagewesenem. Das heißt nicht, dass er etwa Fantasy schrieb; so wie Verne war auch Wells bemüht, seine Fantasie auf eine halbwegs plausible Grundlage zu stellen. Außerdem hat er praktisch im Alleingang so bedeutenden SF-Inventar wie die Zeitmaschine, die Invasion von Außerirdischen, die weltvernichtende Bombe und vieles mehr erfunden. Aber seine Protagonisten sind keine Forscher, Abenteurer oder Helden einer Gegenwart, die sich wie die Zukunft anfühlt, sondern entweder durchschnittliche oder auf tragische Weise gebrochene Figuren, ganz und gar menschliche Charaktere also, die sich mit dem Umstand konfrontiert sehen, dass sich die Grundfesten ihrer Existenz jederzeit auflösen und in etwas anderes verwandeln können. So ist in *The War of the Worlds* das England, das wir vorfinden, nachdem die irdischen Mikroben den Marsianern den Garaus gemacht haben, nicht nur eine physisch, sondern auch psychisch völlig veränderte Landschaft. Und in *The Time Machine* (*Die Zeitmaschine*, 1895) reist der Zeitreisende nicht *durch* die Zeit – die Maschine bewegt sich überhaupt nicht –, sondern die Zeit reist *in ihm*, nur eben viel schneller, als wir es gewohnt sind. (In der George-Pal-Verfilmung von 1960 wird dieses schwindelerregende Gefühl durch die über den Himmel jagende Sonne und die im gegenüberliegenden Schaufenster blitzschnell wechselnde Mode entsprechend visualisiert.)

Wells bezeichnete seine um die Jahrhundertwende verfassten Romane – *The Time Machine, The War of Worlds, The Island of Dr. Moreau* (*Die Insel des Dr. Moreau*, 1896) und *The Invisible Man* (*Der Unsichtbare*, 1897) – später als *scientific romances*: Geschichten, die sich (wie es sich für Science-Fiction gehört) wissenschaftlich gerieren und weit in Raum und Zeit ausgreifen, aber im Kern Meditationen über die unaufhörliche und unwiederbringliche Veränderung des Universums sind. Im Gegensatz zu Verne schrieb Wells keine *technology fiction*; in *The Time Machine* etwa wird mit keinem Wort darauf eingegangen, wie die Zeitmaschine eigentlich funktioniert. Er hatte einen umfassenderen Begriff von *science*: Es ging ihm nicht darum, zu zeigen, was wir mit der Welt alles machen können, sondern was die Welt – der Kosmos, die Zeit von Anfang bis Ende, die gesamte Struktur der Realität – mit uns macht.

Das ist die zweite maßgebliche Verbindung von *science* und *fiction*: die Science-Fiction als künstlerische Möglichkeit, die Realität einem fundamentalen Wandel zu unterziehen – etwa indem sich das Klima auf der Erde verändert, die menschliche Zivilisation nach einem katastrophalen Ereignis zusammenbricht, ein Virus die Erdbevölkerung dezimiert, unser Planet von einer außerirdischen Intelligenz besucht wird oder Zeitexperimente das Gefüge des Universums durcheinanderwirbeln. Auch wenn es den Protagonisten in Geschichten dieses Typs gelingt, das Ende der Menschheit zu verhindern, so gibt es doch nie ein Zurück in die gewohnte Realität: Wir können nur nach vorne gehen, in eine andere Zeit, in eine andere Welt.

Jules Verne und H. G. Wells galten beide als ›Männer von morgen‹, Wells wurde in seinen späteren Jahren sogar zu einer weltberühmten Instanz in Sachen Zukunft. Doch das jeweilige Morgen hatte bei ihnen einen ganz unterschiedlichen Spin, und aus diesem Unterschied formte sich die Science-Fiction des 20. Jahrhunderts. Verne und Wells haben die Science-Fiction modelliert. Sie haben ihr eine Kontur verliehen. Und sie haben sie popularisiert, indem sie die Leserinnen und Leser mit all den aufregenden erzählerischen Möglichkeiten vertraut machten, die Welt zu erobern – oder von der Welt erobert zu werden.

Das frühe 20. Jahrhundert: Melancholiker und Pioniere

Voyages extraordinaires, *scientific romances*, Zukunftsgeschichten, utopische Romane – zu Beginn des 20. Jahrhunderts gab es viele Begriffe für die Wunder und Schrecken, von denen Verne, Wells und etliche andere Autoren erzählten. Und erstmals konnte man diese Wunder und Schrecken auch sehen: 1902 machte Georges Méliès aus Vernes und Wells' Mondreisen den ersten Science-Fiction-Film, *Le Voyage dans la Lune*, der mit für damalige Verhältnisse sensationellen Spezialeffekten das Publikum ins Staunen versetzte (1916 wurden für die Verfilmung von *Vingt mille lieues sous les mers* sogar die ersten Unterwasseraufnahmen gewagt). Von nun an war die Science-Fiction auch eine Kunst der bewegten Bilder, und im Laufe des Jahrhunderts sollte diese Spielart des Science-Fiction-Erzählens immer mehr Aufmerksamkeit auf sich ziehen.

Aus heutiger Sicht muten Méliès' Bilder natürlich ausgesprochen naiv an, woraus zuweilen der Schluss gezogen wird, wie naiv die Science-Fiction jener Jahre insgesamt war. Doch das ist ein Trugschluss: Etliche der damaligen Texte waren alles andere als naiv, sondern von der tiefempfundenen Angst der Autoren geprägt, dass sich Wissenschaft und Technik verselbständigen und zu einer unkontrollierbaren Macht werden könnten.

1909 erzählt E. M. Forster, der später mit Romanen wie *A Passage to India* (*Die Reise nach Indien*, 1924) literarischen Weltruhm erlangen sollte, in seiner Novelle *The Machine Stops* (*Die Maschine steht still*) von einer Zukunftsgesellschaft, die von einer mysteriösen Maschine betrieben und beaufsichtigt wird. Die Menschen leben in winzigen Räumen unter der Erde, im Glauben, die Erdoberfläche sei unbewohnbar, während sich die Maschine um sämtliche Belange des täglichen Lebens kümmert – sie ermöglicht es sogar, dass man per »Bildtelefonat« miteinander kommunizieren kann. Eines Tages jedoch wird der Machtanspruch der Maschine hinterfragt, was dramatische Konsequenzen nach sich zieht.

1921 erobert das Theaterstück *R. U. R.* (*Rossums Universal Robots*) des Tschechen Karel Čapek die Bühnen Europas. Čapek prägte darin nicht nur den Begriff ›Roboter‹ (abgeleitet vom tschech. *robota*, Fronarbeit), sondern auch die grundlegende Vorstellung von Robotern, wie sie fortan durch unzählige SF-Werke geistern sollten: Čapeks Roboter, die bei ihm allerdings eher Androiden sind, werden produziert, um die Menschen von der Last der Arbeit zu befreien, doch bald stellt sich die Frage, ob diese Geschöpfe nicht selbst »menschlich« sind.

Und 1927 entwirft Fritz Lang in seinem Film *Metropolis* ein bildgewaltiges Zukunftsepos über den Kampf zwischen den schuftenden Massen und einer kleinen technischen Elite. Wie etliche spätere SF-Filme hat *Metropolis* eine simple, bisweilen auch obskure Story, aber Lang hob damit den Science-Fiction-Film erstmals auf ein künstlerisches Niveau. Seine Stadt der Zukunft (von der sich unter anderem Ridley Scott für *Blade*

Runner inspirieren ließ) ist nicht nur Design oder Effekt, sie ist ein erzählerischer Hintergrund, der im Laufe der Geschichte immer mehr zum Vordergrund wird.

Forster, Čapek, Lang und viele andere Künstlerinnen und Künstler nutzten in diesen Jahren die Möglichkeiten der Science-Fiction, um vor gesellschaftlichen Fehlentwicklungen zu warnen und Zukunftsvisionen zur Disposition zu stellen. (Ganz zu Recht, schließlich sollte die Technikgläubigkeit des frühen 20. Jahrhunderts in den Materialschlachten des Ersten Weltkriegs münden.) Ihre Geschichten hatten einen zutiefst melancholischen Grundton und legten die Basis für das, was man heute als Dystopie bezeichnet und als Gegenbegriff zu Utopie bzw. Eutopie verwendet – eine nicht ganz korrekte Verwendung, denn Utopia meint die beste aller Welten, während Dystopia einfach eine Welt meint, in der etwas furchtbar schiefgelaufen ist (oder schieflaufen sollte).

Ein Grundton jedenfalls, der bis heute als künstlerischer und seriöser empfunden wird als der von SF-Geschichten, in denen fliegende Untertassen die Erde besuchen oder Helden mit Laserwaffen die Galaxis retten. Doch damals kannte man noch keine fliegenden Untertassen oder Laserwaffen. Man kannte noch keine SF-Klischees. Die Science-Fiction hatte weder einen Namen noch ein Image, sondern war einfach Teil des ästhetischen Werkzeugkastens, aus dem sich die Künstler bedienen konnten. Was wäre also wohl aus dieser Kunstform geworden, wenn sie namenlos geblieben wäre? Wenn man sich heute nicht mit Stereotypen und den müßigen Aspekten der Kategorisierung und Schubladisierung herumschlagen müsste?

Wie soll man etwa einen Roman wie Olaf Stapledons *Last and First Men* (*Die letzten und die ersten Menschen*) von 1930 auch exakt kategorisieren? Die Geschichte beginnt im Stil einer Wells'schen *scientific romance*, greift aber bald in eine ferne Zukunft aus, in der sich Homo sapiens immer wieder in eine neue Spezies verwandeln muss, um der Vernichtung zu entgehen. *Last and First Men* ist sowohl eine kosmische wie auch eine philosophische Reise – ein Roman, für den es keine Schublade gibt. Oder wie soll man Aldous Huxleys *Brave New World* (*Schöne neue Welt*) von 1932 einsortieren? Das Buch ist weder Utopie noch Dystopie, sondern auf kuriose Weise beides: die Schilderung einer albtraumhaften Zukunft als beste Welt, mit der Huxley die Silicon-Valley-Zukunft vorwegnahm, die uns heute als »die Zukunft« verkauft wird. Es wäre am besten, man würde *Last and First Men* einfach als einen Roman von Olaf Stapledon und *Brave New World* als einen Roman von Aldous Huxley bezeichnen und als nichts weiter. Kunst braucht keine Etiketten.

Aber so kam es nicht. Es wurde ein Etikett gefunden: Science-Fiction. Und dieses Etikett sollte zu allerlei Missverständnissen führen, denn es entstand in einem Umfeld, in dem die fortschreitende Technisierung, Industrialisierung und Verkünstlichung des Lebens nicht skeptisch gesehen, sondern im Gegenteil geradezu glorifiziert wurde. Mit dem italienischen Futurismus gab es dafür sogar ein intellektuelles Hintergrundrauschen, aber der Weg, den die Science-Fiction nahm, führte aus Europa in die USA.

Das »Land der Zukunft«, wie es schon Hegel genannt hatte, bot der Science-Fiction nämlich einen äußerst fruchtbaren Nährboden. Nicht nur, weil dort eine junge, expansive Gesellschaft unbefangen auf Wissenschaft und Technik setzte, sondern weil sich in den USA auch erstmals so etwas wie eine Massenkultur etablierte. Als Reaktion auf die steigenden

Alphabetisierungsraten begannen die Verlage, günstigere Bücher zu produzieren, sogenannte *dime novels*: Krimis, Romanzen, Western. Und schräge Hybride aus Western und Zukunftsgeschichten, wie sie im 19. Jahrhundert der amerikanische Autor Edward S. Ellis initiiert hatte, in dessen *The Steam Man of the Prairies* (1868) eine bizarre Dampfmaschine ohne Rückwärtsgang durch den Mittleren Westen fährt.

Die *dime novels* hatten allerdings nur eine kurze Lebensdauer. Die Zukunft der Massenkultur lag in den Pulp-Magazinen. Die Pulps – der Name kommt von dem billigen Papier, das dafür in den Druckereien verwendet wurde – waren Storymagazine für jeglichen Geschmack. In den 1920er Jahren wurden Adventure Pulps, Crime Pulps, Western Pulps und sogar Non-fiction Pulps veröffentlicht, billig produziert und billig verkauft, um über die Masse Gewinne zu erzielen. Mit dem Aufkommen der Pulp-Magazine begann man erstmals von Genres zu sprechen und die Kultur in ›high‹ und ›low‹ zu trennen – ein Vorgang, der bis heute enorme kulturelle Auswirkungen hat. Nicht zuletzt für die Science-Fiction, denn in den Pulps erfand sich diese Erzählform neu. Die Science-Fiction wurde von Europäern erfunden, aber erst als sie in die USA auswanderte, wurde sie zur ›Science-Fiction‹.

Und sie wanderte buchstäblich aus. Hugo Gernsback (ursprünglich Hugo Gernsbacher), ein 1884 in Luxemburg geborener Ingenieur und Erfinder, dessen Muttersprache Deutsch war, siedelte 1904 in die Vereinigten Staaten über, um dort sein Glück zu machen. Gernsback war begeistert von Wissenschaft und Technik und glaubte fest an eine Zukunft, in der die Technologie die Menschen von den Widrigkeiten des Daseins befreien würde, ein Glaube, den die Lektüre von Jules Verne, H. G. Wells und anderen Autoren in ihm genährt hatte. In

New York angekommen, gründete Gernsback ein Versandgeschäft für Radioersatzteile – Radio war das Nonplusultra der damaligen Technik –, und damit die Radioapparate auch richtig zusammengebaut wurden, gab er einschlägige Magazine wie *Modern Electrics, The Electrical Experimenter* und *Radio Amateur News* heraus.

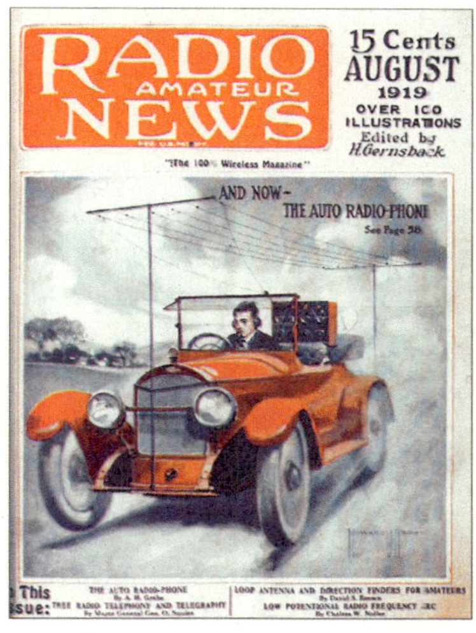

Um diese trockene Materie etwas aufzulockern und die Verkaufszahlen zu steigern, streute Gernsback in seine Magazine immer wieder Geschichten über sensationelle Erfindungen und kuriose Ereignisse ein, die etwas mit Fortschritt und Technik zu tun hatten (einige dieser Storys schrieb er sogar selbst). Er nannte solche Geschichten »scientifiction«. Die Strategie erwies sich als so erfolgreich, dass er entschied, ein eigenes Magazin zu gründen, das sich ausschließlich derartigen Geschichten widmen sollte, und so erschien im April 1926 die erste Ausgabe von *Amazing Stories – The Magazine of Scientifiction*. Im Editorial erklärte Gernsback unter der Überschrift »A New Sort of Magazine«, was er mit »scientifiction« verband:

> Diese aufregenden Geschichten sollen nicht nur eine faszinierende Lektüre, sie sollen auch lehrreich sein. Sie stellen ein Wissen zur Verfügung, das wir auf andere Weise nicht

> vermittelt bekommen – und sie tun das in einer sehr zugänglichen Form. Denn die besten Autoren der scientifiction haben das große Talent, uns etwas zu lehren, ohne dass wir merken, dass wir belehrt werden.

Der Name »scientifiction« setzte sich bekanntermaßen nicht durch, sondern wurde später zu »science fiction«. Dieser Begriff war keine Erfindung Gernsbacks, er taucht bereits Mitte des 19. Jahrhunderts auf. Aber der Luxemburger verband auch mit »science fiction« denselben pädagogischen Anspruch, den er mit »scientifiction« verbunden hatte. 1929 schrieb er in einem Editorial:

> Wenn jeder Mann und jede Frau, jeder Junge und jedes Mädchen dazu gebracht werden könnten, Science-Fiction zu lesen, wäre das ein großer Vorteil für die Gesellschaft. Science-Fiction macht die Menschen glücklicher und toleranter und vermittelt ihnen ein breiteres Verständnis für die Welt.

Hugo Gernsback gilt heute in der SF-Community als ausgesprochen ambivalente Figur. Auf der einen Seite wird er als »Vater der modernen Science-Fiction« in Ehren gehalten – der weltweit wichtigste SF-Preis, der jährlich vergebene Hugo Award, ist nach ihm benannt (und hat die Form einer Rakete). Auf der anderen Seite wird Gernsback dafür verantwortlich gemacht, dass die Science-Fiction gleich von Beginn an ein Image als billige Heftchenliteratur erhielt, das sie bis heute nicht ganz losgeworden ist.

Beides hat seine Berechtigung. Gernsback hat sich durchaus um die Science-Fiction verdient gemacht. Er hat sie zwar nicht

Die Science-Fiction-Magazine

Zu Beginn des 20. Jahrhunderts wanderte die Science-Fiction von Europa in die USA aus und wurde zunehmend populär. Entscheidend für ihre Verbreitung waren die Pulp-Magazine. Die Cover-Illustrationen waren meistens trashig und die Geschichten banal. Aber auch Meisterwerke wie Ray Bradburys *Fahrenheit 451* oder Frank Herberts *Dune* hatten ihren Ursprung in einem SF-Magazin.

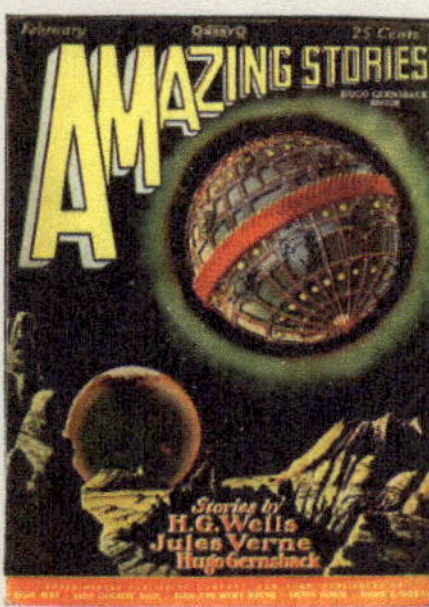

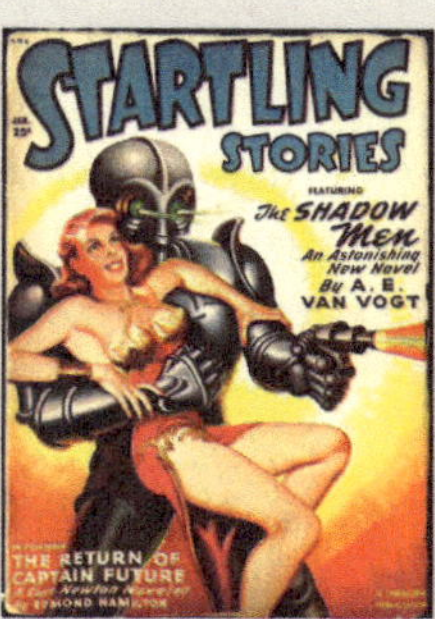

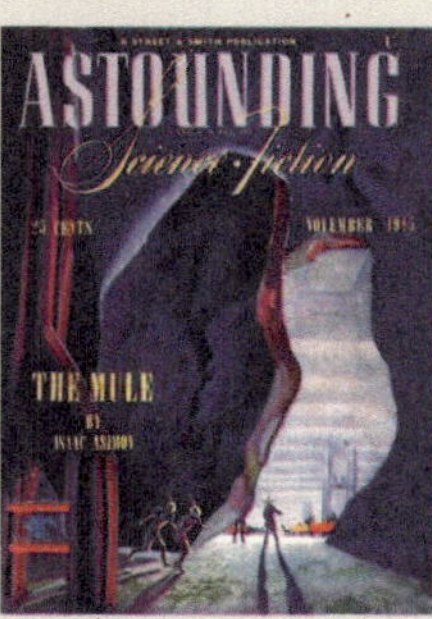

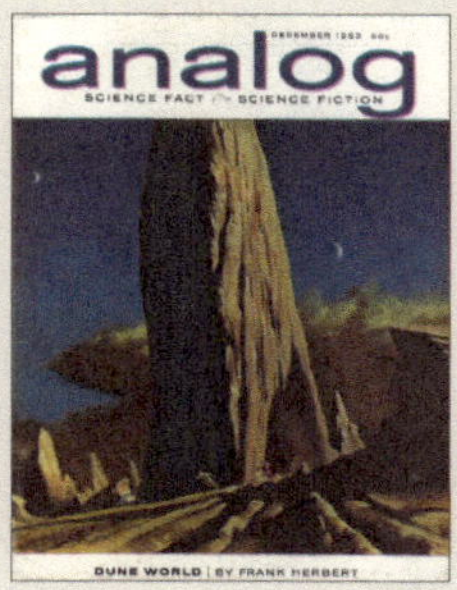

erfunden (*Amazing Stories* war auch nicht das erste SF-Magazin), aber er hat sie designt. Er hat dem, was seit langem geschrieben wurde, nicht nur einen Namen und einen inhaltlichen Fokus gegeben, sondern auch das dazugehörige Fandom ins Leben gerufen: Schon früh hatte er über seine Magazine dazu aufgerufen, dass sich die Freunde dieser Literaturform miteinander vernetzen sollten, woraufhin SF-Fans in etlichen amerikanischen Städten Ortsgruppen bildeten und bald die ersten überregionalen Treffen stattfanden, Science-Fiction-Conventions, wie es sie in unzähliger Form rund um die Welt heute noch gibt. Kurz gesagt: Gernsback hat aus der Science-Fiction einen Markt gemacht.

Gleichzeitig aber stand im Zentrum seiner Science-Fiction eine krude Vorstellung von wissenschaftlicher Akkuratesse, der er alles andere unterordnete. Die Gernsback-Science-Fiction war notwendigerweise formalisierte, mithin naive Science-Fiction, denn sie hatte ja eine Mission zu erfüllen: Sie sollte das Leben der Menschen besser machen. Gernsback publizierte in seinen Magazinen zwar auch Geschichten von Verne, Wells und Poe, doch in der Regel legte er auf literarischen Stil keinen großen Wert. Seine Science-Fiction war die in Prosa gegossene Aufforderung, auf der Basis naturwissenschaftlicher Erkenntnisse und technischer Machbarkeit in die Zukunft zu stürmen.

Gernsbacks im Rückblick eigentliche Tragik war es allerdings, dass sich dieser didaktische Impetus schon in seinen eigenen Magazinen nicht aufrechterhalten ließ. Der Titel *Amazing Stories* war insofern eine treffende Wahl, denn die Leser stürzten sich vor allem auf das, was *amazing* war, auch wenn es sich um den größten Quatsch handelte. Entgegen Gernsbacks pädagogischer Intention waren gerade jene Geschichten populär, die sich nur ausgesprochen oberflächlich mit *science* beschäftigten, und so folgten auf *Amazing Stories* etliche weitere Magazine dieser Art, etwa *Science Wonder Stories*, *Thrilling Wonder Stories* oder *Startling Stories*, deren marktschreierische Titel und Coverillustrationen – glubschäugige Aliens, vollbusige Frauen, heldenhafte Weltraumhünen – das öffentliche Bild der Science-Fiction auf Jahrzehnte hinaus prägen sollten. Denn in dieser Form und Verpackung fand die Science-Fiction ihren Weg von den USA zurück nach Europa, wo sie erstmals als Genre wahrgenommen wurde – als ein zutiefst amerikanisches Genre, in dem sich der Pioniergeist und die Naivität dieser jungen Nation auszutoben schienen. Gernsback machte die Science-Fiction von einem amorphen Etwas zu einem klar umrissenen kulturellen Feld. Aber er trug auch maßgeblich dazu bei, dass dieses kulturelle Feld den Stempel ›low art‹ oder sogar ›no art‹ erhielt.

Goldene Jahre: Die Eroberung von Zeit und Raum

Die Ära der SF-Magazine dauerte von den 1930er Jahren bis in die frühen 1960er und zementierte das negative Image der Science-Fiction. Aber gleichzeitig war diese Ära für die Entwicklung der Science-Fiction auch eine ausgesprochen fruchtbare Zeit. Etliche Autoren, die heute zu den Großmeistern der Science-Fiction zählen, starteten damals ihre Karrieren, und etliche Texte, die heute als Klassiker gelten, hatten ihren Ursprung in einem amerikanischen Pulp-Magazin. In den Pulps tobten sich triviale Vielschreiber wie Edgar Rice Burroughs, der aus Science-Fiction und Fantasy Science-Fantasy machte, oder auch E. E. Smith aus, der die ersten breitangelegten Weltraumabenteuer, die Space Operas, schrieb. Doch die Pulps bo-

Das Science-Fiction-Kontinuum

Wann und wie fing die Science-Fiction an? Ist sie eine moderne Erzählform oder wurde sie schon immer geschrieben? Begann sie womöglich mit einem bestimmten Autor oder Text? Die Diskussion darüber ist so interessant wie müßig, denn die Science-Fiction entstand nicht in einem Urknall, sondern entwickelte sich in einem historischen Kontinuum.

Ab 1600

DIE ETABLIERUNG

1. Phase: Raum
Kepler, de Bergerac und andere erzählen im 17. Jahrhundert von Reisen zu fremden Welten im Kosmos. Erstmals wird ein literarischer Raum erschlossen, der »gleich und ungleich« ist.

2. Phase: Zeit
Im Laufe des 18. Jahrhunderts wird die Zukunft zum Ort des SF-Geschehens. Mercier lässt seinen Helden im Paris des Jahres 2440 aufwachen. Raum und Zeit verschmelzen miteinander.

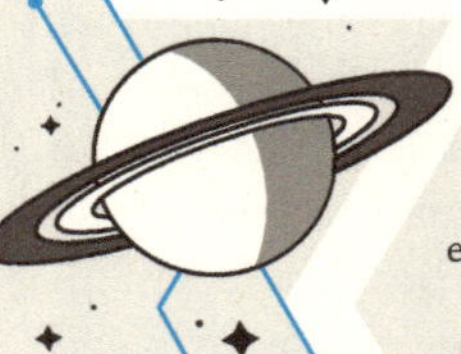

3. Phase: Praxis
Ab 1800: Wissenschaft und Technik werden zu einem Quell der Faszination. Der Mensch braucht keine göttliche Hilfe mehr, um als Schöpfer zu wirken. Shelley macht daraus die erste SF-Ikone.

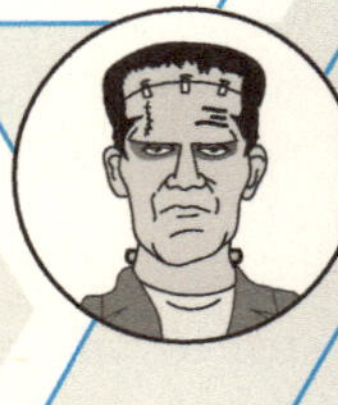

Mitte des 19. Jahrhunderts

DIE AUSGESTALTUNG

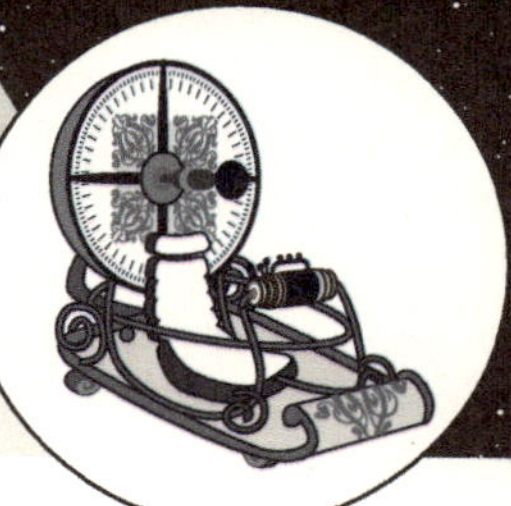

Was ist dort draußen? Was wird einmal geschehen? Und was können wir alles tun und verändern? Rund um diese Fragen entwickeln insbesondere Verne und Wells die erzählerischen Instrumente der Science-Fiction.

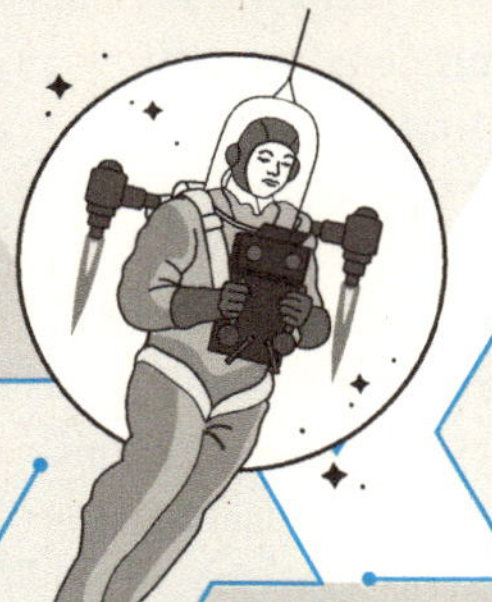

Die 1920er Jahre

DIE GENREFIZIERUNG

Etliche Künstler nutzen die Möglichkeiten der Science-Fiction, aber die prägende Figur des frühen 20. Jahrhunderts ist der Groschenheft-Verleger Hugo Gernsback. Er gibt der Science-Fiction ihren Namen.

Ab Mitte der 1960er

DIE DIFFUSION

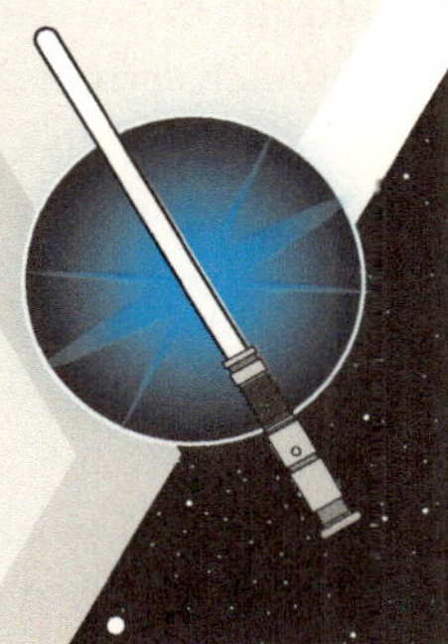

Science-Fiction wird zu globaler Popkultur und Massenunterhaltung. *Star Trek* und *Star Wars* erobern die Welt. Gleichzeitig verlässt die Science-Fiction die Grenzen eines Genres und wird zum festen Bestandteil des gesellschaftlichen Diskurses.

ten auch so unterschiedlichen Talenten wie Jack Williamson, Isaac Asimov, Frederik Pohl, Theodore Sturgeon, Clifford Simak, A. E. van Vogt oder Robert A. Heinlein eine Publikationsmöglichkeit. Es ist heute fast vergessen, dass viele Romane, die später millionenfach verkauft, mehrfach verfilmt und zu Referenzgrößen der Science-Fiction wurden, erstmals in einem Pulp-Magazin erschienen sind: Asimovs *Foundation*-Saga wurde in den Jahren 1942 bis 1950 in *Astounding Science Fiction* veröffentlicht. Ray Bradburys Novelle *The Fire Man*, aus der später der Roman *Fahrenheit* 451 (1953) wurde, erschien 1951 in *Galaxy*. Und Frank Herberts *Dune*, der Auftakt zum meistverkauften SF-Zyklus des 20. Jahrhunderts, war von 1963 bis 1965 eine Fortsetzungsgeschichte in *Analog*.

So sehr die SF-Magazine nach außen hin eine aufmerksamkeitsheischende, juvenile Angelegenheit waren – *Amazing! Astonishing! Astounding! Thrilling!* –, so sehr ermöglichten sie es den Autoren auch, ihre Fantasie in die exotischsten Richtungen zu entwickeln, nicht nur in jene Richtung, die sich einst Gernsback vorgestellt hatte. So waren ganz im Gegensatz zu seiner naiv-optimistischen Sicht auf Wissenschaft und Technik in den Pulps schon bald auch düstere Storys zu finden, in denen technische ›Errungenschaften‹ dazu führen, dass es zu einer großen Katastrophe kommt oder, wie bei E. M. Forster, die Gesellschaft in einer Diktatur erstarrt. Doch erst in den Jahren nach Gernsback diversifizierte sich die Science-Fiction in den Magazinen inhaltlich so stark, dass sie nicht mehr nur als leicht obskure Unterhaltungsliteratur für Jugendliche wahrgenommen, sondern zum festen Bestandteil der amerikanischen Populärkultur wurde. Diese Entwicklung war eng mit der zweiten großen amerikanischen Verlegerfigur der Science-Fiction verbunden: John W. Campbell.

Campbell, 1910 geboren, war auch SF-Autor, seine berühmteste Geschichte *Who goes there?* (*Das Ding aus einer anderen Welt*, 1938) wurde sogar zweimal verfilmt. Seine eigentliche Wirkung auf die Science-Fiction entfaltete er jedoch, als er 1937 Herausgeber des Magazins *Astounding Science Fiction* wurde. Campbell teilte durchaus Gernsbacks Überzeugung, dass es in der Science-Fiction in erster Linie um *science* gehen sollte, ja, dass Science-Fiction und *science* sozusagen zwei kommunizierende Röhren sind. In einem Editorial schrieb er:

> Science-Fiction erblühte, als die Menschheit einen Stand der Zivilisation erreichte, der es ihr ermöglichte, zuversichtlich nach vorne zu blicken … Science-Fiction entsteht nicht aus Zufall. Sie ist auch keine Mode, die sich nach dem öffentlichen Geschmack richtet. Sie ist das Ergebnis einer geistigen Entwicklung der Menschheit. Science-Fiction entsteht, wenn die Wissenschaft die Angst vor der Zukunft mildert.

Es war also nur folgerichtig, dass Campbell so wie Gernsback von seinen Autoren verlangte, ihre Geschichten als Transportmittel zu nutzen, um den Lesern, von denen er annahm, dass diese sich dafür begeisterten, Wissenschaft und Technik zu vermitteln. Aber im Gegensatz zu Gernsback legte er großen Wert darauf, dass Wissenschaft und Technik auf stimmige Weise in die Geschichten eingefügt wurden und erzählende und erklärende Teile einander nicht einfach willkürlich ablösen sollten. Der Schwerpunkt in einer SF-Geschichte sollte seiner Meinung nach darauf liegen, *wie* die Protagonisten auf all die neuen Maschinen, Erfindungen und Technologien reagieren, die es in der Zukunft geben würde. Campbell formte aus der rein didaktischen Gernsback-SF eine Literatur, in der zwar noch immer eine große Idee die Handlung vorantreibt, »aber die Menschen, nicht die Idee, die Essenz der Geschichte ausmachen«.

Vor diesem Hintergrund entwarf er ein enges erzählerisches und stilistisches Korsett für seine Autoren. Aber er hatte auch brillante Ideen. So geht nicht nur Asimovs Story *Nightfall* auf seine Anregung zurück, Campbell zeichnete auch für etliche Details und Plot Points in der *Foundation*-Saga und Robert A. Heinleins *Future History* – einer Reihe zusammenhängender Erzählungen, die Schritt für Schritt ein riesiges Zukunftspanorama entwickeln – verantwortlich. Campbell trug damit maßgeblich dazu bei, dass die Science-Fiction stilistisch reifer wurde und an Komplexität zunahm. Auch wenn sie nicht akademisch anerkannt wurde (diese Ehre wurde keiner Heftliteratur zuteil), wurde die Science-Fiction in den Jahren nach dem Zweiten Weltkrieg mehr und mehr zu einer festen kulturellen Größe, und das nicht nur in den USA: Auch in Europa sprach man in intellektuellen Kreisen immer öfter von dieser neuen, aufregenden Erzählform. Die ersten sekundärliterarischen Studien wurden verfasst, die Science-Fiction-Community formte sich. Die SF-Autoren strotzten damals geradezu vor kreativer Energie und Selbstbewusstsein. Und Campbell selbst hatte kein Problem damit, in der Science-Fiction etwas viel Größeres als nur ein neues Genre zu sehen:

> Die Art der Literatur, die man üblicherweise als Mainstream bezeichnet, ist in Wahrheit eine Subkategorie der Science-Fiction. Denn Science-Fiction befasst sich mit allen Orten im Universum und allen Zeiten bis in die Ewigkeit. Die Literatur des Hier-und-Jetzt ist also der Science-Fiction untergeordnet.

Trotz dieses enthusiastischen Werbens für die Science-Fiction wird Campbell heute rückblickend als eine ebenso ambivalente Figur wie Gernsback gesehen. Viele Fans und Autoren bezeichnen die Campbell-Jahre – er blieb bis zu seinem Tod 1971 der Herausgeber von *Astounding Science Fiction*, das er später allerdings in *Analog* umbenannte – als Goldenes Zeitalter der Science-Fiction: jene Jahre, in denen die größten SF-Talente ihre besten Geschichten schrieben, in denen die SF-Fans rund um die Welt als eingeschworene Gemeinschaft zusammenfanden und in denen etliche SF-Autoren von der breiteren Öffentlichkeit erstmals als Autoritäten in Sachen Wissenschaft und Technik und als Erklärer der Zukunft wahrgenommen wurden.

Andererseits war Campbell aber auch ausgesprochen engstirnig und hatte wenig Toleranz für kulturelle Strömungen außerhalb seiner eigenen, von weißen Männern dominierten Kultur – von einigen in der SF-Community wird er heute sogar als Rassist bezeichnet. Auf jeden Fall war er ein knallharter Geschäftsmann, und da die Leser von *Astounding Science Fiction* eben fast alle weiß, männlich und Angehörige einer technokratisch orientierten Mittelschicht waren (die Bewohner des Planeten Lagash, wenn man so will), verwundert es nicht, dass er seine Autoren dazu anhielt, für dieses Publikum entsprechende Zukünfte zu entwerfen. So sehr Campbell dazu beigetragen hat, die Science-Fiction im kulturellen Diskurs zu verankern, so propagierte er doch nur eine ganz bestimmte Art von Science-Fiction: Geschichten, denen eine uramerikanische Can-do-Philosophie zugrunde liegt. Geschichten über Menschen, die unaufhörlich Probleme lösen, Widerstände beseitigen und Feinde besiegen. Geschichten, die den Glauben daran predigen, der Mensch (genauer: der Mensch in seiner männlichen amerikanischen Form) werde die Zukunft meistern.

Die Science-Fiction dieses Typs brachte in den auf Campbell folgenden Jahrzehnten durchaus großartige Romane und Filme hervor und ging in einem Bereich auf, den man heute als Hard-Science-Fiction bezeichnet, weil der inhaltliche Schwerpunkt hier zumeist auf einem naturwissenschaftlichen Problem oder Thema liegt (der amerikanische Autor Andy Weir ist derzeit der bekannteste Vertreter der Hard-Science-Fiction). Sie konnte aber auch auf Abwege führen, denn Campbell hielt zwar die Fahne der *science* in der Science-Fiction hoch, doch das schloss auch PSI-Kräfte, Ufologie und andere Pseudowissenschaften mit ein. Oder jenen gefährlichen religiös-wissenschaftlichen Quark, den L. Ron Hubbard in *Astounding Science Fiction* verbreiten durfte und aus dem später die »Church of Scientology« wurde.

Im Kern ging es in der Campbell-SF nämlich gar nicht so sehr um *science*, sondern, wie John Huntington es einmal formulierte, um eine »Identifikation mit Macht«. All die gigantischen Raumschiffe, die kolonisierten Planeten, die atomgetriebenen Megamaschinen, die Steuerung der menschlichen Evolution, das schiere Ausmaß der imaginierten Zukünfte von Asimov, Heinlein, van Vogt und vielen anderen reflektierten die unterschwellige Sehnsucht eines bestimmten Publikums, dass der Mensch eines Tages das Universum erobern würde. Die Science-Fiction feierte ihr Goldenes Zeitalter nicht ohne Grund in einer der euphorischsten Phasen der Menschheitsgeschichte, der Nachkriegszeit mit ihrem Master-Narrativ von Beschleunigung, Wachstum und Ressourcenausbeutung, als es tatsächlich so aussah, Raum und Zeit stünden uns Menschen weit offen. Und in gewisser Weise ging dieses Goldene Zeitalter auch nie zu Ende, denn die Campbell-SF gibt es heute noch, und sie hat das Bild der Science-Fiction nachhaltig geprägt: Fragt man Außenstehende nach ihrem Verständnis von Science-Fiction, ist die häufigste Antwort, dass die Science-Fiction das Bild einer technischen, expansiven Zukunft entwirft.

Aber schon zu Campbells Lebzeiten lösten sich viele Science-Fiction-Künstler sukzessive von diesem spezifischen Zukunftsbild. Nicht nur weil es ohnehin unmöglich ist, Kunst in ein Korsett zu zwängen, sondern weil die von Campbell beschworene Zukunft plötzlich Gegenwart wurde. Die ›Welt von morgen‹ wurde zur ›Welt von heute‹. Und das hatte Folgen.

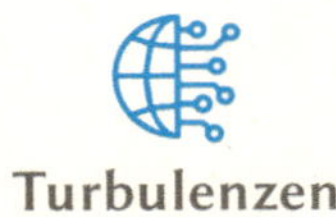

Turbulenzen

Die Science-Fiction wird erwachsen

Es ist der 21. Juli 1969. Nur noch wenige Stunden, bis Neil Armstrong die Mondoberfläche betreten wird. Robert A. Heinlein und Arthur C. Clarke, die neben Isaac Asimov berühmtesten SF-Autoren jener Jahre, sitzen in einem amerikanischen Fernsehstudio und sagen Sätze wie: »Das ist der größte Augenblick in der Geschichte der menschlichen Spezies.« Und: »Die Menschheit wird nie untergehen, wir werden uns im gesamten Universum ausbreiten.« Es lohnt sich, die Aufzeichnung ihres Auftritts auf YouTube anzusehen, markiert er doch den Zenit jenes Typs von Science-Fiction, den Hugo Gernsback ersonnen und John W. Campbell popularisiert hatte: die Science-Fiction als das Versprechen einer glorreichen Zukunft. Und tatsächlich: Als Armstrong den Mond betrat, schien es, als hätte die Science-Fiction das Drehbuch für die ganze menschliche Zivilisation geschrieben.

Und das, obwohl die Science-Fiction eigentlich schon viel weiter war. Hatte der Mond in der Science-Fiction des 18. und 19. Jahrhunderts als Reiseziel noch eine zentrale Rolle gespielt, war er in der Magazin-Ära nur mehr ein Zwischenstopp auf dem Weg zu den Planeten unseres Sonnensystems und noch weiter hinaus. Aber er war eben der erste Schritt ins All und damit für die Idee der Campbell-SF ein entscheidender Bezugspunkt. Der Mond war erreichbar, der Mond *musste* erreicht werden, um der Vorstellung zum Durchbruch zu verhelfen, dass sich die Menschheit als Spezies auf einer Science-Fiction-Mission befand: immer weiter nach vorne in die Zukunft, immer weiter hinaus in den Weltraum. 1950 hatte Heinlein als Drehbuchautor an dem Film *Destination Moon* mitgewirkt, der die Mondlandung ziemlich akkurat vorinszeniert (mit dem Heinlein'schen Unterschied, dass die Mondrakete hier von einer privaten Firma finanziert wird) und an dessen Ende der so prophetische wie auffordernde Satz »This is the End of the Beginning« eingeblendet wird.

Aber nicht alle damaligen SF-Autoren sahen das so. Schon in Campbells glorreichster Phase in den 1950er und frühen 1960er Jahren, als *Astounding Science Fiction* das Maß aller Dinge war, erschienen in anderen SF-Magazinen Storys, die, auch wenn sie in der Zukunft und im Weltraum spielten, weniger nach außen und nach vorne blickten, sondern nach innen, in die Köpfe der Menschen, wo sich die Angst vor der atomaren Vernichtung festgesetzt hatte. Der Kalte Krieg stand auf der politischen Tagesordnung, und schon die erfolgreiche Jack-Finney-Verfilmung *Invasion of the Body Snatchers* (*Die Dämonischen*, 1956) hatte einen ersten Hinweis darauf gegeben, dass die Science-Fiction diese Gegenwart konziser und wirkmächtiger verarbeiten konnte als andere Künste. Und so nutzten Autoren wie Alfred Bester, Ray Bradbury, Theodore Sturgeon und Cordwainer Smith das Instrumentarium der Science-Fiction, um so lakonisch wie poetisch von postatomaren Landschaften und interplanetaren Reisen zu erzählen, die die psychopathologischen Innenwelten der amerikanischen Nachkriegsgesellschaft spiegelten: die frivolen Konsumorgien, die nukleare Paranoia, die politische Xenophobie, die beinahe religiöse Hoffnung auf technische Lösungen.

Diese Science-Fiction sah sich nicht auf einer Zukunftsmission, sondern die Zukunft wurde hier zu einem riesigen Spielfeld für Gedankenexperimente, mit denen man grelle, nicht selten schonungslose Schlaglichter auf die Gegenwart werfen konnte. Und das wiederum inspirierte Mitte der 1960er Jahre eine Gruppe von SF-Autoren zu einer literarischen Revolution, die der Science-Fiction einen entscheidenden Entwicklungsschub (nicht wenige in der SF-Community meinen, *den* entscheidenden Entwicklungsschub) gab: die New-Wave-Science-Fiction. J. G. Ballard, einer ihrer wichtigsten Vertreter, gab die Parole aus:

> Die Science-Fiction muss dem Weltraum, den Außerirdischen, den galaktischen Kriegen und all diesem Zeug den Rücken kehren und sich nicht nur neuen Ideen, sondern auch neuen Erzählmethoden zuwenden.

Man kann die New-Wave-SF mit ihrem Hang zu sprachlichen Spielereien und stilistischen Verrätselungen als Teil einer größeren künstlerischen Bewegung jener Jahre begreifen, die sich weniger für den Inhalt eines Werks als für dessen Form interessierte – der Name wurde nicht ohne Grund von der französischen *nouvelle vague* übernommen. Man kann sie auch als Teil der *swinging sixties* in Großbritannien verstehen – die meisten New-Wave-Autoren waren Engländer, und das maßgebliche New-Wave-SF-Magazin, *New Worlds*, erschien in London.

Und vor allem sollte man ihren rein quantitativen Einfluss auf die Science-Fiction auch nicht überbewerten – würde man die Science-Fiction der 1960er Jahre statistisch erfassen, käme man schnell zu dem Ergebnis, dass in diesen Jahren deutlich mehr Geschichten im Campbell-Stil geschrieben wurden als andere.

Dennoch ist die New Wave bis heute die Referenz für alle, die in der Science-Fiction mehr als nur Geschichten von Macht und Expansion, von Wissenschaft und Technik sehen. Mit der New Wave der 1960er Jahre wurde die Science-Fiction erwachsen. Die New Wave brachte die Merkmale der SF-Kunst – Konfrontation, Rekonfiguration, Öffnung – erstmals in all ihren Varianten und Möglichkeiten zur Anwendung. Die Science-Fiction wurde weiblicher, politischer, ökologischer, spielerischer, inhaltlich ambitionierter und erschloss neben dem *outer space*, dem Weltraum, den *inner space*: die Psyche des Menschen.

Die Science-Fiction hatte nun einen ganz neuen Sound. Da war Harlan Ellison, der in einer Story nach der anderen unter Beweis stellte, dass Science-Fiction literarische Magenschwinger verpassen konnte, und der gleichzeitig als Herausgeber jene Autorinnen und Autoren versammelte, die den neuen Sound repräsentierten; Ellisons Anthologie *Dangerous Visions* von 1967 ist ein Meilenstein in der Geschichte der Science-Fiction. Da waren die meisterhaften Plots eines James Tiptree jr., der sich später als die Autor*in* Alice Sheldon outen sollte; sie hatte sich ein Pseudonym zugelegt, um in der damaligen Männerwelt der Science-Fiction überhaupt Gehör zu finden. Da waren die barocken Weltraumopern eines Samuel R. Delany, der erste und für lange Jahre auch einzige schwarze SF-Autor. Da war der maßlos kreative und völlig undisziplinierte Philip K. Dick, der in den 1960er Jahren eine Reihe von Kurzgeschichten und Romanen schrieb, die nicht nur die Zukunft, sondern gleich die Realität insgesamt in Frage stellten, darunter *Do Androids Dream of Electric Sheep?*, die Vorlage für *Blade Runner.*

Die wenigsten dieser Autorinnen und Autoren zählten sich dezidiert zur New Wave, aber sie alle waren Teil eines kulturellen Prozesses, der aus der ›Welt von morgen‹ einen freien Imaginationsraum machte, in dem es nicht mehr darum ging, die Zukunft zu erobern, sondern darum, die Möglichkeiten der Gegenwart künstlerisch zu verarbeiten. Ursula K. Le Guin brachte diesen Phasenübergang in der Vorbemerkung zu ihrem Roman *The Left Hand of Darkness* (*Die linke Hand der Dunkelheit*, 1969), der auf einem Planeten spielt, auf dem die Menschen männlich und weiblich zugleich sind, präzise auf den Punkt:

> Dieses Buch erzählt nichts über die Zukunft. Ja, es beginnt mit der Ankündigung, dass es im »Ökumenischen Jahr 1490–97« spielt, aber das werden Sie doch nicht *glauben*? Ja, die Menschen in ihm sind in der Tat androgyn, aber das heißt nicht, ich wollte damit vorhersagen, dass wir in vielleicht tausend Jahren alle androgyn sein werden, oder dass ich die Meinung verkünden wollte, wir sollten gefälligst androgyn werden. Ich bemerke nur … dass wir es, zu manchen Tageszeiten, bei bestimmtem Wetter betrachtet, schon sind.

Das Schlüsselwort hier ist »glauben«, denn die zentrale Idee der Campbell-SF war es, von einer Zukunft zu erzählen, an die man glauben kann, ja, glauben sollte. Das kann die Science-Fiction selbstverständlich tun – und viele SF-Autoren tun es bis heute –, aber Kunst hat nichts mit Glauben zu tun, sondern mit Denken, und die Science-Fiction als Transportmittel für eine ganz bestimmte Vorstellung von Zukunft zu verwenden wird dem Potenzial dieser Kunst in keiner Weise gerecht.

Das wussten Robert A. Heinlein und Arthur C. Clarke natürlich, als sie am Tag der Mondlandung im amerikanischen Fernsehen auftraten und das Banner der Campbell'schen Can-do-SF hochhielten. Die beiden hatten zwar mit der New Wave nicht viel am Hut, aber trotzdem spielten sie in der Erneuerung der Science-Fiction, die sich damals vollzog, eine maßgebliche Rolle.

Das *Star-Trek*-Syndrom

Dass sich in der Science-Fiction etwas Neues tat, war einem großen Publikum nämlich schon ein Jahr vor der Mondlandung bewusst geworden, und Clarke hatte daran einen nicht geringen Anteil gehabt. Mit dem Regisseur Stanley Kubrick hatte er seine Kurzgeschichte *The Sentinel* (*Der Wächter*, 1948) zu einem großen Kinoepos umgearbeitet. *2001: A Space Odyssee* von 1968 geizte nicht mit riesigen kosmischen Bildern, aber er war auch eine Reise in den *inner space*. Der Film kreiste um Wissenschaft und Rationalität, aber er war gleichzeitig eine psychedelische Erfahrung. Er verarbeitete etliche traditionelle SF-Ideen, darunter die Prämisse, dass die menschliche Evolution von Außerirdischen gesteuert wird, aber er erklärte praktisch nichts (Clarke sollte seine Erklärungen für das Geschehen erst in späteren Romanen nachliefern). Das war wirklich etwas Neues. Besser gesagt: In *2001* verbanden sich das Neue und das Alte auf ziemlich geniale Weise.

In *2001* fand sich die Campbell-Fraktion ebenso wieder wie die Anhängerschaft der New Wave. In *2001* gibt es sprechende

Maschinen, beeindruckende Weltraumarchitektur, iPad-ähnliche Bildschirme und viele andere visionäre Gadgets. Es gibt eine Auseinandersetzung mit einer künstlichen Intelligenz, auf die in der heutigen KI-Debatte regelmäßig Bezug genommen wird. Es gibt eine Mondlandung, aber der Mond ist eben nur eine Zwischenstation. Und es gibt eine mystisch-transzendentale Reise durch ein Sternenportal, an deren Ende der Mensch – jedenfalls kann man das so interpretieren – auf eine neue Stufe der Evolution gehoben wird. *2001* zeigte einem breiten Publikum, dass Science-Fiction tatsächlich große Kunst sein konnte, dass sie die *conditio humana* auf eine ganz eigene Art zu reflektieren in der Lage war. Und *2001* war für die Generation, die in den 1960er Jahren aufwuchs und sich politisch artikulierte, eine Art SF-Initiation.

Science-Fiction als Teil der damaligen Jugend- und Gegenkultur – Robert A. Heinlein schien das vorausgeahnt haben, als er schon zu Beginn des Jahrzehnts mit *Stranger in a Strange Land* (*Fremder in einer fremden Welt*, 1961) die ultimative Hippie-SF-Geschichte vorgelegt hatte. Denn einige Jahre später wurde der Roman zum Kultbuch. Dasselbe geschah Ende der 1960er Jahre mit Frank Herberts *Dune*, einem Roman, der den Anschein erweckt, als erobere er im Campbell'schen Stil Raum und Zeit, in Wahrheit aber genau das Gegenteil tut. So wie die Vergangenheit ist in *Dune* auch die Zukunft unendlich vielen Zufällen und Unwägbarkeiten, dem Mystizismus und der Irrationalität der menschlichen Spezies ausgeliefert. *Dune* ist ein fantastisches Abenteuer, eine ökologische Mahnung, ein spiritueller Trip – eine Mischung, die bis heute Millionen von Leserinnen und Lesern begeistert.

Mit *2001*, *Dune* und vielen anderen SF-Romanen und -Filmen der späten 1960er und frühen 1970er Jahre stellte die

Science-Fiction ihre enorme Wandlungsfähigkeit unter Beweis, indem sie aus einer neuen Gegenwart nicht nur neue Zukünfte generierte – das war seit jeher ihr Geschäftsmodell –, sondern das Konzept ›Zukunft‹ insgesamt neu verarbeitete. Das heißt nicht, dass die traditionelle Science-Fiction des Campbell'schen Typs, bei der es mehr um die Ideen als um Stil und Charakterzeichnung geht, damals in einer Nische verschwand, ganz im Gegenteil. Auch wenn Asimov für eine Weile das Prosaschreiben einstellte, so kehrte er doch bald wieder zur Science-Fiction zurück. Bis heute gelten Asimov, Heinlein und Clarke als die »Großen Drei der Science-Fiction«, und an Asimovs Geburtstag, dem 2. Januar, wird in den USA ganz offiziell der National Science Fiction Day gefeiert.

Doch die traditionelle Science-Fiction ist eben nur eine der vielen Formen dieser Kunst, wie sie heute praktiziert werden. Mit den beginnenden 1970er Jahren diffundierte die Science-Fiction in alle kulturellen Richtungen und gesellschaftlichen Bereiche. Die Pulp-Magazine verloren an Bedeutung, das Gros der Publikationen verlagerte sich in die Buchverlage. Immer mehr Frauen schrieben Science-Fiction, und einige von ihnen wurden zu ebenso gefeierten Stars wie ihre männlichen Kollegen (das Konterfei der 2018 verstorbenen Ursula K. Le Guin findet sich heute auf einer US-amerikanischen Briefmarke). Und vor allem: Die Science-Fiction wurde internationaler. Zwar schreiben die meisten SF-Autorinnen und -Autoren weiterhin auf Englisch, aber es gibt keinen Kontinent mehr, auf dem diese einst ausschließlich westliche Kunst nicht Fuß gefasst hat. Ja, in Ländern wie China wird sie gerade erst so richtig entdeckt – und auch schon exportiert: Der Roman *Sān tǐ* (*Die drei Sonnen*, 2008) von Cixin Liu ist ein weltweiter Bestseller.

Natürlich gab es in den vergangenen Jahrzehnten in der Science-Fiction immer wieder bestimmte auffällige Trends und konjunkturelle Wellenbewegungen, die sich aus den jeweiligen gesellschaftlichen und politischen Ereignissen, neuen wissenschaftlichen Erkenntnissen oder technischen Innovationen speisten. Aber von ›der‹ Science-Fiction kann man redlicherweise längst nicht mehr sprechen. Die unterschiedlichsten Künstlerinnen und Künstler rund um die Welt nehmen sich inzwischen des Science-Fiction-Instrumentariums an und kreieren etwas jeweils Eigenes.

Eine konstante Entwicklung allerdings lässt sich in den letzten Jahrzehnten ausmachen: Seit *2001* feiert die Science-Fiction ihre größten Erfolge nicht mehr in Prosaform, sondern im Kino und Fernsehen. Die Kunst der Science-Fiction vollzog ihren ganz eigenen *iconic turn*. Was mit den Illustrationen der Jules-Verne-Romane begonnen und womit George Méliès die ersten Kinogänger ins Staunen versetzt hatte, entwickelte sich nun zu voller Blüte: Bilder, ja, Welten, die man nie zuvor gesehen hatte, und das in immer perfekterer technischer Umsetzung. Bald sollte praktisch jeder Mensch auf der Welt die Kunst der Science-Fiction kennenlernen, nur eben in visueller Form.

Man kann wohl kaum bestreiten, dass der enorme Erfolg der SF-Filme auf dem gewaltigen Spektakel beruht, das sie inszenieren. Die Verbindung von Film und Science-Fiction ist eine Art Hochzeit im Himmel, denn beide setzen auf das Prinzip maximaler Überwältigung, um ihr Publikum bei der Stange zu halten. Aber es gibt noch einen anderen, vielleicht sogar wichtigeren Grund für diesen Erfolg, den Frederik Pohl einmal das *Star-Trek*-Syndrom nannte. In Sachen Science-Fiction ist *Star Trek* nicht besonders überzeugend; alle SF-Ideen, die in der Serie thematisiert werden, finden sich in deutlich origineller Form auf den Seiten vieler SF-Storys und -Romane. Aber Captain Kirk und Mr. Spock wurden so extrem populär, weil sie die Science-Fiction zu etwas Exotischem und Heimeligem zugleich machten. *Star Trek* bringt das Publikum mit dem SF-Standardinventar – Raumschiffjagden, Zeitreisen, Aliens, Androiden und so weiter – ebenso zum Staunen, wie es ihm das angenehme Gefühl verleiht, nach bestandenem Abenteuer sicher auf die Brücke der Enterprise zurückzukehren. *Star Trek* ist die ultimative Science-Fiction-Maschine: Man bekommt Mary Shelley und Karel Čapek, Jules Verne und H. G. Wells, John W. Campbell und Ursula K. Le Guin gleichzeitig – und das alles leicht bekömmlich zubereitet.

Erst in ihrer filmischen Variante machte die Science-Fiction so richtig deutlich, wie kreativ diese Origami-Kunst ist, wenn es darum geht, das Spektakuläre mit dem Alltäglichen zu verbinden. Zweifellos verhalf die von Campbell und seinen Stammautoren genährte Sehnsucht nach großen kosmischen Abenteuern, nach Aufbruch und Expansion Filmen wie *Star Wars* (1977) zu jenem Massenappeal, den sie bis heute ausüben. Aber man kann sich in *Star Wars* auch problemlos mit seinen individuellen Sorgen und Nöten wiederfinden. Wir alle kennen Luke Skywalker nicht nur – wir alle *sind* Luke Skywalker.

Der *iconic turn* der Science-Fiction hatte die Konsequenz, dass sich ihr Schwerpunkt von den Ideen mehr und mehr zu den Bildern verlagerte. Auch in SF-Filmen werden oft faszinierende Ideen verhandelt, aber in bildlicher Form werden diese Ideen nicht auf dieselbe Weise ausgelegt und rationalisiert wie in literarischer Form. Eine Geschichte etwa wie die von *Matrix* mit ihrer abstrusen Prämisse und den nicht weniger abstrusen

Kung-Fu-Kämpfen zwischen Computerprogrammen würde als Roman überhaupt nicht funktionieren; in einer rein visuellen Symbolwelt muss man es mit der Logik dagegen nicht so genau nehmen. Außerdem liegt es in der Natur von Filmbildern, dass sie die Aufmerksamkeit des Publikums viel stärker absorbieren als andere Medien, vor allem wenn diese Bilder so überzeugend präsentiert werden wie in den SF-Blockbustern seit den 1980er Jahren und wie neuerdings in den SF-Fernsehserien der Streaming-Dienste oder den zahlreichen SF-Computerspielen.

So absorbierend diese Spielart der Science-Fiction aber auch ist: Sie ist nur eine von ganz vielen Spielarten. *Star Wars* und vergleichbare SF-Spektakel mögen in den Augen vieler Menschen der Inbegriff von Science-Fiction sein, doch muss man nur etwas genauer hinsehen, um zu erkennen, dass kein wie auch immer gearteter Inbegriff mehr existiert. Science-Fiction gibt es inzwischen in allen Formen und Farben. Es gibt sie in allen Abstraktionsgraden, es gibt sie für alle Geschmäcker. Es gibt gelungene, in sich stimmige Science-Fiction, und es gibt missratene Science-Fiction. Vermutlich ist das meiste von dem, was heute an Science-Fiction durch die kulturellen Kanäle strömt, nicht besonders gelungen, aber um einen berühmten Satz von Theodore Sturgeon zu paraphrasieren: Das meiste von allem anderen ist auch nicht besonders gelungen.

Jedenfalls muss man sich um die Zukunft der Science-Fiction keine allzu großen Sorgen machen. Solange es jenes fiktive Amalgam aus Raum, Zeit und Verfügbarkeit gibt, aus dem das Science-Fiction-*kami* besteht, werden wir uns SF-Geschichten erzählen. In unserer Fantasie werden wir immer Welten besuchen, »die nie ein Mensch zuvor gesehen hat«.

Was aber bedeutet es für die Kunst der Science-Fiction,

wenn sich die Welt selbst – unsere Welt, in der wir leben und sterben – in eine SF-Welt verwandelt? Wenn Realität und Science-Fiction zunehmend austauschbar werden? Verliert die Science-Fiction dann ihre künstlerische Daseinsberechtigung?

Die realistischste Kunst unserer Zeit

Tatsächlich verwandelt sich heute, in der ersten Hälfte des 21. Jahrhunderts, die Wirklichkeit unaufhörlich in eine Art Retro-Science-Fiction. Wir müssen keine Tricorder, wie sie auf der Enterprise verwendet werden, mehr imaginieren – wir haben sie längst. Wir müssen kein Weltgehirn mehr bauen, das den Stand des menschlichen Wissen versammelt – es existiert bereits. Wir müssen nicht mehr darüber spekulieren, ob man virtuelle Kriege führen, Haustiere klonen, mit Robotern Sex haben oder Computer zur Datenverarbeitung in Paralleluniversen schicken kann – das alles geschieht inzwischen. Womöglich wurde schon zu Gernsbacks, ganz sicher aber zu Campbells Zeiten die Phrase »Das ist keine Science-Fiction mehr« verwendet, wenn wieder einmal ein Gadget oder ein Ereignis, mit dem die Science-Fiction gespielt hatte, Realität geworden war. Aber jetzt kommt es Schlag auf Schlag, und der Satz »Das ist keine Science-Fiction mehr« ist ein fester Bestandteil der öffentlichen Debatte geworden.

Das hat insbesondere damit zu tun, dass sich die spektakulären Bilder der SF-Filme aus den letzten Jahrzehnten in unseren Köpfen mit jenen Bildern vermischen, die uns die Nachrichten zeigen. Exemplarisch konnte man das im Pandemiejahr 2020 beobachten. Die Covid-19-Virus-Pandemie war die erste ihrer Art im Zeitalter globaler Vernetzung und globaler

Nervosität, und indem unaufhörlich Bilder aufgerufen wurden, wie man sie aus postapokalyptischen Szenarien kennt – menschenleere Städte, verwaiste Gebäude, das zaghafte Vorrücken der Natur –, fühlten wir uns plötzlich wie in einem solchen Szenario, selbst wenn wir gerade gemütlich auf dem Balkon saßen.

Es hat aber auch viel mit der Rhetorik des öffentlichen Zukunftsdiskurses zu tun. Nach drei Jahrhunderten expansiven Fortschritts und wissenschaftlicher Weltaneignung ist der Begriff Zukunft weitgehend technisch konnotiert. Zukunft heißt für uns vor allem: selbständig fahrende Autos, sprechende Kühlschränke oder Elon Musks Projekt, Angestellte seiner Firma möglichst günstig zum Mars zu transportieren – all die Nova also, die man gemeinhin mit ›der‹ Science-Fiction assoziiert (und dabei ausblendet, dass es auch Science-Fiction gibt, die auf solche Ingenieursideen und Techno-Gadgets komplett verzichtet).

Vor diesem Hintergrund sind Sätze wie »Das ist keine Science-Fiction mehr« oder »Die Realität holt die Science-Fiction ein« eigentlich Selbstverständlichkeiten, denn was immer in der nahen und fernen Zukunft geschehen mag: Die Wahrscheinlichkeit ist sehr hoch, dass wir schon einmal dort waren – nicht in Form einer wissenschaftlichen Vorhersage, sondern in Form einer Science-Fiction-Geschichte.

Heute, in der ersten Hälfte des 21. Jahrhunderts, geschieht aber noch etwas anderes. Die Realität holt die Science-Fiction nicht nur ein, die Realität *wird* zu Science-Fiction. Und das ist etwas ganz Neues. Wir leben in einer Welt, in der die Ästhetik der Science-Fiction Realität geworden ist: Die individuelle Seite hat sich mit der universellen Seite verbunden. Der Hintergrund ist zum Vordergrund mutiert.

Womöglich fing das bereits in den frühen 1980er Jahren an, als sich ein junger Schriftsteller namens William Gibson daran machte, die Science-Fiction wieder einmal zu erneuern. Er schrieb eine Reihe von Kurzgeschichten und dann den Roman *Neuromancer* (1984), in denen er die Idee einer computererzeugten virtuellen Welt, mit der sich Menschen via Gehirnimplantat verbinden können und die er Cyberspace nannte, mit einem Hard-boiled-Krimi-Plot mischte (diese SF-Rezeptur wurde bald darauf Cyberpunk getauft). Gibsons Geschichten sind durch und durch Science-Fiction, aber als ich sie Mitte der 1980er Jahre las, hatte ich nicht das Gefühl, Science-Fiction zu lesen. Vielmehr schien es mir, als würde hier die Welt um mich herum beschrieben, und zwar nicht als Zerrbild oder als Extrapolation, sondern ganz konkret: Diese Zukunft war tatsächlich meine Gegenwart.

Gibson hat aus diesem Effekt im Laufe seiner Karriere ein literarisches Projekt gemacht, indem er sich Roman für Roman immer näher an die Gegenwart heranschrieb. Aber der Punkt ist nicht, dass *Neuromancer* eine zukünftige Technik beschrieb, die es damals womöglich schon gab (was im Übrigen auch nicht stimmt, denn das World Wide Web gab es damals noch nicht). Und der Punkt ist auch nicht, dass sich der Roman heute noch zukunftsfest liest (das tut er nicht, die Sowjetunion beispielsweise ist in *Neuromancer* nicht untergegangen). Der Punkt ist, dass *Neuromancer* unsere *fabric of reality* einfängt: das, was unser Leben ausmacht, seit wir damit begonnen haben, es zu virtualisieren.

Für die *fabric of reality* ist gemeinhin die realistische Kunst zuständig. Wenn das Gegenwartsgefühl also plötzlich von der Science-Fiction erzeugt wird, dann hat sich etwas verändert. Dann geht es nicht mehr um die ›Welt von morgen‹ oder die

Zukunft überhaupt. Zwar wimmelt es bei Gibson nur so von futuristischen Gadgets, aber sie werden beschrieben, als wären sie Teil einer bereits durchlebten Vergangenheit. Gibson wusste schon damals, dass nichts und niemand eine Zukunft aufhalten wird, in der es Genindustrien, die Konstruktion neuer Lebensformen, nanotechnologischen Materieumbau und eine virtuelle Parallelrealität geben wird. Und er wusste, dass niemand diese Zukunft wirklich verstehen wird. Einmal heißt es:

> Sachen gibt's draußen. Geister, Stimmen. Warum auch nicht? In den Ozeanen gab's Meerjungfrauen und all so 'nen Scheiß, und wir haben ein Silizium-Meer, nicht? Sicher, ist nur 'ne künstlich erzeugte Halluzination, an der wir alle gemeinsam teilzunehmen beschlossen haben, der Cyberspace, aber jeder, der einsteckt, weiß verdammt gut, dass er ein ganzes Universum ist. Und mit jedem Jahr wird's ein bisschen voller da drin.

Der Philosoph Timothy Morton hat den Begriff des Hyperobjekts geprägt, um Dinge zu bezeichnen, die wir Menschen zwar selbst erzeugt haben, die aber zu groß und zu komplex sind, um überhaupt noch als Dinge gedacht werden zu können. Unsere heutige Realität ist voll von solchen Hyperobjekten. Das Internet – Gibsons Cyberspace – ist ein Hyperobjekt. Die künstliche Intelligenz ist ein Hyperobjekt. Und auch das, was wir Klimawandel nennen, ist ein Hyperobjekt.

Wir Menschen haben die Veränderung des Weltklimas in Gang gesetzt und befeuern sie Tag für Tag, aber sie ereignet sich in Zeit- und Raumdimensionen, die unsere Vorstellungskraft sprengen. Durch unsere Eingriffe in die natürlichen

Stoffkreisläufe haben wir die Kulisse, vor der sich das menschliche Drama abspielt und die sich seit Jahrtausenden kaum verändert hat, in Bewegung gesetzt, haben wir den Hintergrund zum Vordergrund und so diffuse Begriffe wie ›Planet‹ und ›Menschheit‹ zu etwas ganz Konkretem gemacht. Aber es fällt uns schwer, zu verstehen, was ›die Menschheit‹ oder ›der Planet‹ mit uns, mit unserem Leben hier und jetzt wirklich zu tun haben – uns fehlen die Maßstäbe und Instrumente, um dieses Geschehen wirklich zu erfassen.

Wie schwer uns das fällt, zeigt nicht zuletzt der Umstand, dass die realistische Kunst regelmäßig daran scheitert, für Hyperobjekte wie den Klimawandel konzise und wirkmächtige Ausdrucksformen zu finden. Das gilt insbesondere für jene Literatur, in der die Kulisse – die Landschaft, die Natur, die Jahreszeiten – als gegeben vorausgesetzt wird und die immer noch den Löwenanteil der Belletristik ausmacht. Anders gesagt: In unserer Kultur werden *science* und *fiction* immer noch weitgehend getrennt voneinander gedacht.

Es gibt aber eine Kunst, die schon im Namen *science* und *fiction* miteinander verbindet, und diese Kunst ist nicht etwa dadurch irrelevant geworden, dass sie von der Realität eingeholt wird, ganz im Gegenteil: Womöglich ist die Science-Fiction die realistischste Kunst unserer Zeit, denn die Welt, in der wir jetzt leben, ist zum ersten Mal wirklich eine ›Welt‹. Keine Bühne mehr, keine Kulisse, keine *tabula rasa*, sondern ein Netzwerk, in dem wir Menschen Akteure unter vielen sind. Wir sind zweifellos sehr bedeutende Akteure, so bedeutend, dass wir dieses Netzwerk an den Rand des Kollapses gebracht haben, aber wir sind eben nur ein Teil von etwas – Teil eines größeren Ganzen, Teil der Natur. Und die Natur ist, wie Voltaire einst schrieb, eben wie die Natur: Sie konfrontiert uns mit Gesetzen, die wir vielleicht biegen und dehnen, aber nicht brechen können.

Und so spielt ein Science-Fiction-Roman wie Kim Stanley Robinsons *New York 2140* (2017) zwar in der Zukunft – in einem durch den Anstieg des Meeresspiegels weitgehend überschwemmten New York, einem amerikanischen Super-Venedig. Aber er spielt auch in der Gegenwart, denn das Jahr 2140 ist kein zukunftsschwangeres Jahr wie einst 2001, nach dessen Erreichen alles irgendwie anders sein wird, sondern es ist immer noch unsere Zeit. Der Klimawandel ist eine Katastrophe, aber keine Apokalypse, auch das macht ihn zu einem Hyperobjekt. Folglich erzählt *New York 2140* von der Realität, in der wir uns gerade befinden, ebenso wie von der Realität, in der wir uns bald befinden werden.

Das heißt allerdings nicht, dass der Roman einfach nur unsere hochgerechnete Gegenwart beschreibt. Er beschreibt ganz genauso die Zukunft – eine Zukunft, in der *wirklich* etwas anders ist: in der sich ein neuartiges Wirtschaftssystem entwickelt und eine Vorstellung davon etabliert, wie Menschen auf einem Planeten leben können, ohne dessen Biosphäre zu zerstören. *New York 2140* erzählt nicht nur von einer Konfrontation und Rekonfiguration, sondern auch von einer Öffnung hin zu einer besseren (allerdings nicht zur besten) Welt.

So angewandt, so *verstanden*, ist die Science-Fiction, wie Yuval Noah Harari schreibt, »zu Beginn des 21. Jahrhunderts die vielleicht wichtigste Kunstgattung«, weil sie ebenjene Instrumente zur Verfügung stellt, die uns dabei helfen, die Gegenwart und unsere Rolle darin nicht nur zu verstehen, sondern auch zu überwinden. Oder wie Christian Stöcker nüchtern bemerkt: »Heute ist es Eskapismus, keine Science-Fiction zu lesen.«

Herbst 2017. Ich sitze im Kino und warte darauf, dass *Blade Runner* beginnt. Dieses Mal bin ich ohne Begleitung. Und es ist auch nicht Ridley Scotts Original, das ich gleich sehen werde, sondern Denis Villeneuves Fortsetzung *Blade Runner 2049*.

Ich hatte lange überlegt, ob ich mir diese Fortsetzung überhaupt ansehen sollte, denn wie in anderen kulturellen Bereichen gibt es auch in der Science-Fiction künstlerische Meilensteine, die man eigentlich gar nicht fortsetzen kann, und wenn man es trotzdem tut, kommt dabei nicht selten ein solcher Murks heraus wie Peter Hyams' *2001*-Sequel *2010: The Year We Make Contact* (*2010: Das Jahr, in dem wir Kontakt aufnehmen*, 1984). Aber Villeneuve hatte zuvor mit *Arrival* (2016) bewiesen, dass er mit komplexen SF-Stoffen gut umgehen kann. Außerdem war ich schlicht neugierig.

Es wird also dunkel im Saal, und *Blade Runner 2049* beginnt. Ich höre dumpfe Synthesizer-Klänge. Ich sehe die apokalyptische Landschaft eines zukünftigen Kaliforniens. Und über diese Landschaft fliegt ein Auto …

Was macht die Welt von *Blade Runner* eigentlich zu so großer Kunst, dass ich Ridley Scotts Film an den Anfang dieses Textes über Science-Fiction gestellt habe? Ist sie überhaupt große Kunst? Menschen, die sich für Science-Fiction begeistern, haben nicht selten einen sehr persönlichen Bezug zu bestimmten SF-Büchern oder -Filmen, und das ist bei mir und *Blade Runner* ganz sicher der Fall. Wer weiß, hätte ich den Film zum ersten Mal nicht in jener heiklen Phase des Aufbruchs und Ausbruchs gesehen, die man Erwachsenwerden nennt, hätte er vielleicht keinen so bleibenden Eindruck hinterlassen. *Blade Runner* ist auch überhaupt nicht unumstritten, der Film wird von vielen in der SF-Community sogar als Musterbeispiel dafür gesehen, dass die visuelle Science-Fiction der literarischen prinzipiell untergeordnet ist, denn nur ein Bruchteil der Ideen und Gedankenschleifen, die Philip K. Dick im Roman *Do Androids Dream of Electric Sheep?* zusammenbindet, findet man in *Blade Runner* wieder. Außerdem erzählt *Blade Runner* letztlich eine recht konventionelle SF-Geschichte von Androiden, die sich gegen ihre Schöpfer wenden, was auf die seit *Frankenstein* hinreichend bekannte Pointe hinausläuft, dass es schwer sein wird, eine klare Grenze zwischen Mensch und Android zu ziehen.

Das alles stimmt, aber es ist für die Kunst dieses Films nicht entscheidend. Entscheidend ist, dass die Welt von *Blade Runner* in fast jeder Hinsicht dem Bild der *things to come* widerspricht, wie es viele andere SF-Filme imaginieren, jene pompösen Geschichten, die wir von ›der‹ Science-Fiction eigentlich gewohnt sind: Asteroiden auf Kollisionskurs mit der Erde, Roboteraufstände und Klonrevolten, machtgierige Computerhirne, Weltraumschlachten um das Schicksal der Zivilisation. Wir haben diese monströsen Zukünfte an die Science-Fiction ausgelagert, um uns das beruhigende Gefühl zu geben, das alles sei doch, nun ja, eben Science-Fiction. Und das ist auch nicht falsch, denn mit der tatsächlichen Zukunft, also der Zukunft, die wir oder jene, die nach uns kommen, einmal als Gegenwart erfahren werden, hat das alles nicht viel zu tun. Das bedeutet nicht, dass es zwingend trivialer Unsinn ist – niemand von uns weiß, ob nicht eines Tages wirklich ein Asteroid auf der Erde einschlägt oder die Klone auf die Barrikaden gehen. Sondern es bedeutet, dass diese pompösen SF-Geschichten eine säkulare Epiphanie suggerieren, die uns, auf welche Weise auch immer, von der Realität erlöst. Eine solche Epiphanie wird es aber nie geben. Denn die Zukunft kann uns gar nicht erlösen, schließlich muss sie, wie alle vergangenen Zukünfte, gelebt werden.

Blade Runner erzählt zwar auch eine pompöse Geschichte, aber er fügt sie in eine Zukunft ein, die gelebt werden muss. Das heißt, er entwirft ein Bild von der Zukunft, das so durchkomponiert, so detailliert, so tiefenscharf ist, dass sich irgendwann alle Details vereinen und eine ›Welt‹ entsteht. Als der Film konzipiert und das Produktionsdesign besprochen wurde, thematisierte Regisseur Ridley Scott regelmäßig Dinge, die im Film gar nicht zu sehen sein sollten. Wenn er etwa in einem Innenraum ein Fenster sah, fragte er die Designer: »Was ist dort draußen?« Was dort draußen, jenseits der Fenster, jeweils ist, wird in *Blade Runner* manchmal und manchmal nicht gezeigt, aber wir spüren jedes Mal, *dass* da etwas ist.

Und genau an diesem Punkt kommt die Kunst dieses Films, kommt die Kunst der Science-Fiction ganz zu sich: In der Welt von *Blade Runner* gibt es keine Kulisse, sondern alles ist ein Teil von allem. Hier ist ein fliegendes Auto keine technische Errungenschaft oder ein Gadget, sondern eine Realität. Und künstliche Intelligenz ist keine fiepende Blechbüchse, sondern ein Hyperobjekt. Etwas, das wir geschaffen haben und mit dem wir gleichzeitig konfrontiert sind. Etwas, das nach und nach Teil unserer *fabric of reality* werden wird: eine unumkehrbare Rekonfiguration und eine Öffnung zu etwas grundlegend Neuem. In der Welt von *Blade Runner* wimmelt es nur so von Symbolen und Hinweisen auf die mögliche Bedeutung dessen, was mit den künstlichen Geschöpfen geschieht, aber diese Welt ist insgesamt kein Symbol. Diese Welt ist, was sie eben ist. *Blade Runner* zu sehen, *Blade Runner* ernst zu nehmen heißt, ein stimmiges, plastisches Ganzes zu betreten. So funktioniert Science-Fiction.

Wie viele andere Fortsetzungen von Meisterwerken schleppt auch Villeneuves *Blade Runner 2049* das ganze ikonografische Gewicht des Vorgängers mit sich herum. Es ist unmöglich, den Film zu sehen, ohne dass sich Scotts Bilder darüberlegen. Hinzu kommt, dass Villeneuves Film die konventionelle Geschichte von der Revolte der Androiden fortsetzt, ohne ihr eine dramatisch neue Wendung zu geben. Aber auch hier gilt: Das ist nicht entscheidend. Wie Scott nutzt Villeneuve die ästhetischen Mittel der Science-Fiction, um die Träume und Albträume von Künstlichkeit zu einer sichtbaren Welt zu machen, die er immer wieder in Unsichtbarkeit verschwinden lässt. Was in *Blade Runner 2049* zu sehen ist, ist nur ein kleiner Ausschnitt dessen, was wirklich geschieht, was es in dieser Welt wirklich zu sehen gibt. Und gleichzeitig ist es mehr als das, was die Binnenlogik der Geschichte ergibt, mit der wir das Sichtbare messen.

So löst die Science-Fiction der beiden *Blade-Runner*-Filme die Zukunft nicht in einer düsteren oder strahlenden Epiphanie auf, sondern verwandelt die Zukunft in eine Welt, der wir genauso staunend gegenüberstehen wie jener Welt, in der wir uns gerade befinden – einer Welt, die sich, wie es die Dichterin Marianne Moore einmal gesagt hat, »weder unseren Gesetzen noch unseren Bedürfnissen oder unserem Sinn für Ordnung fügt, sondern nach einer eigenen, größeren, geheimnisvolleren und für uns manchmal auch tragischeren Ordnung funktioniert«.

Von dieser Welt überzeugend zu erzählen, das kann nur die Science-Fiction.

Hihi.

Lese- und Filmtipps

Ob eine Geschichte gelungene Science-Fiction ist oder nicht, liegt natürlich vor allem im Auge des Betrachters. Ich hoffe, in diesem Text einige Orientierungsmarker gesetzt zu haben, die Ihnen dabei helfen, eine solche Bewertung für sich vorzunehmen. Und ich hoffe, dass Sie nun so großartige Autorinnen und Autoren wie Ursula K. Le Guin, Philip K. Dick, William Gibson oder Kim Stanley Robinson lesen und sich Filme wie *Blade Runner, Stalker* oder *2001* ansehen werden. Die folgende Liste ist eine zusätzliche (ganz persönliche) Auswahl von zehn empfehlenswerten SF-Büchern und -Filmen, ein Startpaket sozusagen für Ihre Reise in die Welten der Science-Fiction:

Alderman, Naomi: The Power. London 2016. Dt.: Die Gabe. Übers. von Sabine Thiele. München 2018. (Was wäre, wenn Frauen plötzlich im wahrsten Sinne des Wortes das stärkere Geschlecht wären? Ein Traum, ein Albtraum?)

Aldiss, Brian W. / Wingrove, David.: Trillion Year Spree. The History of Science Fiction. London 1986. Dt.: Der Milliarden-Jahre-Traum. Übers. von Michael Görden u. a. Bergisch-Gladbach 1987. (Die ultimative Geschichte der Science-Fiction, erzählt von einem ihrer bedeutendsten Autoren.)

Cahill, Mike (Regie): Another Earth. 2011. (Die Verschmelzung des Individuellen mit dem Universellen. Kein anderer SF-Film illustriert so exemplarisch, was ich mit Origami-Kunst meine.)

Dath, Dietmar: Niegeschichte. Science-Fiction als Kunst- und Denkmaschine. Berlin 2019. (Daths monumentale Monografie ist das Beste, was derzeit an Science-Fiction-Theorie zu haben ist. Oder überhaupt zu haben ist.)

Garland, Alex (Regie): Annihilation. 2018. (Ein Film auf den Spuren von Kubricks *2001*, aber irdischer und behutsamer und dadurch umso mysteriöser und packender.)

Gilliam, Terry (Regie): Twelve Monkeys. 1995. (Science-Fiction als Gedankenexperiment und Gehirnverknotung: Gilliam zeigt, dass wir alle Zeitreisende sind, ob wir wollen oder nicht.)

Ishiguro, Kazuo: Klara and the Sun, London 2021. Dt.: Klara und die Sonne. Übers. von Barbara Schaden. München 2021. (Wann wird Mustererkennung zu Emotion? Eine so berührende wie doppelbödige Geschichte über eine KI, von ihr selbst erzählt.)

Jeschke, Wolfgang: Der letzte Tag der Schöpfung. München 2013. (Erstmals Anfang der 1980er Jahre erschienen, liefert Jeschkes Roman den besten Beweis dafür, dass gute Science-Fiction nie veraltet.)

Patterson, Andrew (Regie): The Vast of Night. 2019. (Pattersons formvollendeter Film erzählt nicht nur eine Science-Fiction-Geschichte, sondern auch davon, wie die Science-Fiction in unsere Köpfe kam.)

Simmons, Dan: Hyperion. New York 1989. The Fall of Hyperion. New York 1990. Dt.: Die Hyperion-Gesänge. Übers. von Joachim Körber. München 2013. (Vermutlich das größte Science-Fiction-Epos der letzten Jahrzehnte, eine Zukunftswelt, in der man sich buchstäblich verlieren kann.)